CW01664233

MON ART DE RECEVOIR

À mon Père, qui aimait tant la Vie
et les gens et dont j'ai hérité l'Amour
des grandes tablées animées
et des bons mets partagés.

Département Art de vivre
Direction éditoriale : Ronite Tubiana
Éditrice : Clélia Ozier-Lafontaine
Conception graphique : Claude-Olivier Four et Christophe Roué
Fabrication : Louisa Hanifi-Morard et Marylou Deserson
Photogravure : IGS-CP, L'Isle d'Espagnac

© Flammarion, Paris, 2022
Tous droits réservés
ISBN : 978-2-0802-5614-0
N° d'édition : L.01EPMN001233.N001
Dépôt légal : mai 2022
editions.flammarion.com

MISS MAGGIE'S
KITCHEN

Héloïse Brion

MON ART DE RECEVOIR

PHOTOGRAPHIES
Christophe Roué

Flammarion

SOMMAIRE

INTRODUCTION

À Table !

Petite, j'ai toujours aimé entendre ces mots ! Par gourmandise bien sûr, mais aussi pour la découverte du voyage qui était offert sur la table. Car oui, selon moi, ce qui est dans l'assiette a toute son importance, mais la mise en scène de la table (aussi simple soit-elle) est tout aussi essentielle... Le tout forme un instant suspendu, une expérience... une invitation au partage.

À la maison, la décoration de la table est toujours unique. Elle dépend de la saison, de mes envies, de mes inspirations du moment, du menu, de l'occasion. Je m'offre la liberté de mélanger les styles, de laisser libre court à ma créativité plutôt que de suivre des codes bien poussiéreux et datés. Car après tout, l'essentiel est de transmettre de la joie et de la convivialité. Je suis persuadée que ces moments restent gravés en nous. Mes fils en sont la preuve. Ils adorent dîner aux chandelles, ajouter des fleurs et leurs trésors et rédiger un plan de table, même quand nous sommes que tous les quatre !

À travers les pages de cet ouvrage, vous découvrirez des recettes à savourer chaque saison (à adapter selon vos goûts et vos envies), mais aussi des conseils pour réaliser une jolie table, comment s'organiser lors d'une fête à la maison ou pendant les grandes vacances quand toute la tribu débarque, un retroplanning pour les fêtes de fin d'année et bien sûr, des conseils et des idées de tables pour chaque saison.

Amusez-vous, faites confiance à votre créativité, prenez et partagez du plaisir ! C'est ça la vie !

Héloïse

7 CONSEILS POUR UNE MISE EN SCÈNE DE TABLE

CONSEIL N° 1
LA MISE EN PLACE

Une façon simple de créer un style cohérent sur une table, est de garder certains éléments de base neutres (nappe, table en bois, pierre, verres...) et puis d'y ajouter de la couleur avec des fleurs, des serviettes, des rubans, des bougies... (petit aparté : la lumière est essentielle, surtout pour un dîner... les bougies ont un effet bonne mine assez fou, mettez-en un peu partout ! Évitez celles parfumées sur la table lors d'un repas.)

CONSEIL N° 2
FLEURIR SA TABLE

Je commence très souvent avec des fleurs comme inspiration pour la mise en scène de la table.
Quelques jolies fleurs mélangées à des éléments simples afin de créer un décor de table printanier frais et léger. Pour les contenants, ne vous limitez pas aux vases. En revanche, détournez des contenants (bocaux, seaux...), utilisez une petite cagette en bois remplie de bocaux... ou prenez une ou deux branches d'arbres en fleurs ou du lierre, dans votre jardin ou lors d'une balade. Placez-les tout le long du centre de votre table, cela apporte de la texture, de la couleur... et c'est simplement trop beau !
Vous pouvez ensuite vous amuser à ajouter des fleurs (tiges coupées) et des bougies de-ci de-là.
Si la saison n'est pas riche en fleurs, ou que vous souhaitez varier les plaisirs, utilisez des produits de saison : des courges, des artichauts, des pommes, des choux ou des navets...

CONSEIL N° 3
JOUER AVEC LES MATIÈRES

Le mélange de matières donne un twist aux tables. Par exemple, le mélange de bois et d'argent avec un drap brodé ancien, crée un aspect rustique chic. Ce soupçon d'élégance décontractée est parfait pour un dîner romantique ou une fête de printemps.

CONSEIL N° 4
VEILLER AUX HAUTEURS

Gardez la hauteur de votre création de centre de table en dessous du niveau des yeux, afin que vos invités puissent se voir. En revanche, si vous avez des bougeoirs très hauts cela peut être très beau de varier les hauteurs... faites simplement attention au niveau du regard.

CONSEIL N° 5

ENTREMÊLER LES STYLES

J'adore varier les styles... de la vaisselle ancienne (très souvent dépareillée) avec des pièces dénichées lors de voyages ou encore des pièces artisanales. Des choses plus classiques avec une pièce bohème... tout cela va créer une table visuellement riche et unique et cela lui donnera du rythme. N'ayez pas peur d'essayer, de retirer, de remettre... bougez les choses, cela fait partie du plaisir de création... suivez votre instinct et faites confiance à votre créativité !

CONSEIL N° 6

CASSER CERTAINS CODES

Certains codes de dressage de table indiquent que les coupes de champagne ne doivent pas être dressées sur une table ; mais je trouve plutôt joyeux un dîner au champagne. Les verres sont placés en haut de l'assiette de façon décroissante de gauche à droite. À gauche, le verre le plus grand, est habituellement destiné à l'eau puis vient un verre plus petit pour le vin rouge... Mais je préfère placer un plus grand verre pour le vin à gauche et un plus petit pour l'eau à sa droite. Je trouve cela plus esthétique.

En revanche, je fais un point d'honneur à utiliser des serviettes en tissus, même pour un pique-nique !

CONSEIL N° 7

PENSER AUX DÉTAILS

La touche finale d'une table est souvent l'attention ou un détail que je prépare pour chaque place. Cela peut être un brin de romarin en fleurs du jardin, une citation sur un joli papier, un pot d'épices maison pour chacun, un joli ruban autour de la serviette...

LORS D'UNE FÊTE CHEZ VOUS

- Demandez à chacun de vos invités de venir avec soit une salade, une quiche, du fromage, un dessert.
- Prévoyez des plateaux ! Tellement plus simple et efficace pour installer une table dans le jardin, un buffet, etc.
- Installez un coin bar où chacun pourra se servir. Préparez des eaux infusées (avec des fruits coupés et des herbes fraîches), de la limonade maison ou un jus de pastèque/menthe et des cocktails dans des carafes ou fontaines.
- Préparez une playlist et des enceintes – 2 heures de musique pour le dîner (jazz, classique) puis de la musique de plus en plus dansante !
- Installez des bougies, des guirlandes lumineuses et des lanternes – à mettre partout : tables et buffets, posées sur des marches, pendues dans les arbres...
- Lorsque le temps le permet, pensez à installer des jeux extérieurs (pétanque, jeu de quilles finlandais, jeu de cornhole ...)
- Prévoyez de la citronnelle contre les moustiques (ou des bouquets d'herbes aromatiques qui éloignent les moustiques – menthe, sauge, basilic, lavande, mélisse).
- Si possible, installez un brasero, une ou deux guitares et des plaids pour chanter sous les étoiles en fin de soirée.

Mon conseil le plus important, peu importe la saison, est de prévoir un moment rien que pour vous avant l'arrivée de vos invités. Un moment de détente est essentiel. Un masque, un bain, un verre avec votre compagnon... tout est prêt, il est maintenant temps de profiter de vos amis et de votre famille !

CHEESEBOARD

Une planche de fromages, de fruits secs et frais, de noix...
Cela donne le ton pour un moment convivial et chaleureux.
C'est très facile et rapide à mettre en place
et cela fait toujours un super effet !
Vous pouvez tout à fait en faire tout au long de l'année
et varier les plaisirs selon la saison en cours et vos envies.
Vous pouvez tout acheter ou préparer quelques recettes
rapides pour une touche encore plus personnelle.
Sur cette planche, je vous propose 4 recettes maison.

GRAINES DE COURGE AU PAPRIKA

Lors de la réalisation de votre prochaine soupe, gardez les graines de courge, lavez-les et séchez-les. Faites préchauffer le four à 200 °C (th. 6/7). Placez les graines sur une plaque allant au four recouverte d'une feuille de papier sulfurisé. Versez un filet d'huile d'olive par-dessus, parsemez de paprika et de noix de muscade, mélangez et enfournez une vingtaine de minutes en mélangeant à mi-temps. Parsemez de fleur de sel et de poivre dès la sortie du four. Vous pouvez vous amuser avec d'autres épices pour cette recette : du thym et zeste de citron, de la cannelle...

POIRES POCHÉES

Un délice avec du fromage ! Vous pouvez les faire pocher à la vanille, à la cardamome... ou au vin et aux épices. Placez 24 cl d'eau, 12 cl de vin rouge, 1 c. à c. de quatre-épices, 3 étoiles de badiane et 3 c. à s. de cassonade dans une casserole. Portez à ébullition 2 minutes puis plongez-y 2 ou 3 poires entières épluchées. Baissez le feu et laissez mijoter 20 minutes en retournant les poires de temps en temps. Laissez les poires refroidir dans le mélange en les tournant. Coupez-les en fines tranches et disposez-les dans un petit contenant

NOIX DE PÉCAN SUCRÉES

Une recette parfaite pour grignoter, pour le thé, pour les concasser sur une boule de glace… et pour une planche comme celle-ci ! Prenez une grosse poignée de noix de pécan. Placez-les dans une petite poêle avec 2 c. à s. de cassonade, le jus d'une clémentine (ou d'une demi-orange), 1 à 2 c. à s. d'eau et un soupçon de cannelle moulue. Faites frémir jusqu'à la dissolution du sucre, mélangez et placez-les sur une feuille de papier sulfurisé. Séparez-les à l'aide d'une fourchette et laissez refroidir.

BREADSTICKS MAISON

Voici encore une recette que vous pouvez revisiter à votre façon selon la saison et vos envies du moment… Il vous faut une pâte à pizza à étaler en forme rectangulaire. Pour ceux en photos, j'ai mélangé dans un bol du thym (1 c. à s.), de l'origan séché (1 c. à s), de la sauge séchée (1 c. à s), le zeste d'un citron bio, du poivre, du parmesan râpé (40 g), 1 c. à s. de câpres coupées en deux et du cumin en grains (1 c. à c.). Dans un autre bol, j'ai mélangé 4 à 5 c. à s. d'huile d'olive, de la fleur de sel et 2 gousses d'ail émincées. J'ai préchauffé le four à 200 °C (th. 6/7) et étalé la pâte. J'ai badigeonné la pâte du mélange huile et ail puis sur la moitié gauche, j'ai versé mon mélange d'herbes. J'ai recouvert cette moitié avec la moitié de droite et j'ai pressé avec mes doigts. Ensuite découpez la pâte en deux sur la largeur puis faites des découpes de 2 cm sur la longueur pour obtenir une quinzaine de bandes. Prenez une bande à la fois, twistez-la sur elle-même puis posez-la sur une plaque allant au four recouverte d'une feuille de papier sulfurisé. Badigeonnez du mélange d'huile et enfournez 7 à 8 minutes. Retournez chaque breadstick, badigeonnez-les de nouveau puis enfournez pour 6 minutes. Dès la sortie du four, badigeonnez et parsemez de parmesan râpé. Un délice ! Vous pouvez les faire avec un pesto maison, des tomates séchées, de la tapenade… bref, amusez-vous !

LES COURSES

Voici un conseil ultra efficace que je pratique toute l'année – je prends mon bloc-notes et je note les catégories sur différentes parties de la feuille...tous les fruits et les légumes ensemble, tout le frais ensemble (fromages, yaourt, beurre, lait, œufs), toute la viande et le poisson ensemble, toutes les boissons, toutes les choses moins passionnantes mais importantes (pq, éponges, sacs poubelles etc.). Ainsi, lors du jour des courses, que ce soit au marché ou au supermarché, vous gagnerez du temps et vous limiterez les oublis... ah et aussi, j'adore avoir un stylo avec moi pour barrer les produits au fur et à mesure. Ceux que je ne trouve pas je les entoure pour plus de visibilité... cela peut vous sembler scolaire mais cette méthode est maintenant adoptée par Christophe qui me regardait d'un drôle d'air avant de se rendre compte de son efficacité. Pour aller plus loin : visualisez votre marché et supermarché et notez les courses dans l'ordre de la circulation. C'est un gain de temps très important !

Il n'est pas toujours évident de savoir les quantités nécessaires pour nourrir une tribu. Voici les proportions approximatives à prévoir par personne :

ALIMENTS	PAR PERSONNE
Crudités	Environ 90 g
Légumes	Environ 150-250 g
Pâtes	Environ 100-150 g en plat
Poisson et viande	Environ 150 g (autour de 75-80 g pour les enfants)
Pain	1 à 2 tranches par repas – plus s'il y a du fromage

Market List
aubergines x 6
tomates 2Kg.
courgettes 2Kg.
abricots - 20
pêches - 20
figues - 10
Yaourts
beurre doux
crème fraîche
oeufs
Fromages
PQ
éponges
liquide vaisselle
Farine
Chocolat
pain ++
brioche
sardines x30
presse
poulet x2
saucisses x20
jambon
MISS MAGGIE'S
KITCHEN

PRINTEMPS

LE PRINTEMPS EST DANS L'AIR !

Les oiseaux chantent, la nature retrouve un vert flamboyant. Une sensation de légèreté arrive avec cette douce saison. C'est la renaissance de la nature et de sa palette de teintes joyeuses et vives après des mois d'hibernation.

Dès les premiers beaux jours, tout le monde se retrouve autour de grandes tablées en extérieur. La température est idéale, les moustiques ne sont pas au rdv... Un temps de rêve pour partager de beaux moments dehors. Sortez les chaises longues, dressez la table dans le jardin.

Gardez en tête cependant que la météo reste incertaine en début de saison et qu'elle peut changer très rapidement. Je vous conseille donc de prévoir un plan B à l'intérieur (par exemple, une séance ciné ou des jeux de société avec un chocolat chaud et des chamallows !).

Comme vous le savez, je privilégie toujours de grands plats familiaux – j'aime les tablées qui mélangent toutes les générations. Il n'y a rien de tel que de voir des invités autour d'une joyeuse table se passer les plats, se servir les uns les autres... C'est une superbe façon de faire connaissance et de créer du lien.

FLEURS

Pivoines, tulipes, renoncules, anémones, lilas, camélia, campanule, jonquille, fleurs de pavot, pois de senteur.

IDÉES POUR UNE FÊTE

Dès les beaux jours, organisez un grand buffet dans votre jardin pour le déjeuner ou en fin de journée, commencez par un cocktail dans le jardin (prévoyez un brasero et des plaids pour le début de soirée) puis continuez les festivités à l'intérieur. Organisez un pique-nique en pleine nature avec de jolis paniers chinés.

IDÉES DE MARQUE-PLACES ET CADEAUX INVITÉS

Un petit pot et des graines à planter, un torchon ancien personnalisé, une étiquette nominative maison en argile auto-durcissante... Réalisez des couronnes de fleurs fraîches et offrez-les à vos invités.

TABLES

Des fleurs fraîches pour habiller vos serviettes, une carafe fleurie, du blanc pour honorer les verts du printemps... des produits frais du marché pour fêter cette belle saison de renaissance !

CÔTÉ DÉCORATION DE TABLE, LES FLEURS SERONT LES VEDETTES !

Habillez la table avec une nappe (unie ou imprimé vichy) ou sans nappe et directement sur une table en bois, du lierre (vous en trouverez sur les troncs d'arbre), des fleurs (avec les tiges coupées), ou des fleurs dans des bocaux peints, des bougies ou une guirlande au-dessus de la table ou encore de jolies lanternes suspendues aux branches des arbres... jouez avec les hauteurs pour donner du rythme et surtout, faites confiance à votre créativité, je vous assure que tout le monde sera émerveillé !

Une autre idée...

Oubliez les fleurs fraîches coupées et achetez en jardinerie des pots de fleurs et d'herbes aromatiques. Utilisez-les pour créer votre centre de table – cachez les pots avec du tissu (beaux torchons, serviettes). Le lendemain, plantez-les dans votre jardin, sur votre balcon ou sur bord de votre fenêtre. Vous pourrez ainsi en profiter jusqu'à la fin de l'été.

Pour l'apéritif ou l'entrée, n'hésitez pas à intégrer des produits de saison à la décoration de la table... parfaits pour les picorer ! Ajoutez, si vous le souhaitez, des sauces ou des houmous de-ci de-là. Inventez un cocktail maison et donnez-lui un nom... s'il a beaucoup de succès, il restera gravé dans les souvenirs de cette belle journée et deviendra une signature maison.

PENSEZ À LA MUSIQUE !

Cet élément est essentiel et participera à l'ambiance de la journée ou de la soirée. Une enceinte, des playlists pour le repas et pour danser !

COCKTAIL PAMPLEMOUSSE ET ROMARIN

Pour 2 cocktails

PRÉPARATION
15 minutes

CUISSON
15 minutes

REPOS
15 minutes

INGRÉDIENTS
120 ml d'eau
120 g de cassonade
4 brins de romarin frais
1 pamplemousse (+ ¼ pour la décoration)
Eau gazeuse parfumée aux agrumes (ou nature)
Quelques glaçons
Optionnel : 50 ml de vodka par verre

1. Versez l'eau et la cassonade dans une casserole sur feu doux et ajoutez 2 brins de romarin. Laissez frémir 2 minutes puis réservez hors du feu, laissez infuser et refroidir.
2. Retirez le romarin du sirop. Mettez les glaçons dans les verres puis versez 2 cuillerées à soupe de sirop dans chaque verre.
3. Versez le jus d'un demi-pamplemousse dans chaque verre. Ajoutez un peu d'eau gazeuse et mélangez.
4. Pour la décoration, placez un brin de romarin dans chaque verre. Coupez en morceaux le quart de pamplemousse et faites-les caraméliser avec un peu de cassonade dans une poêle. Ajoutez-en deux ou trois par verre. Servez très frais !

Pour une grande tablée, pensez à le préparer en grande quantité dans un pichet.

SALADE D'ŒUFS

Pour 4 personnes

PRÉPARATION
15 minutes

INGRÉDIENTS
8 œufs durs
3 c. à s. de mayonnaise
1 à 2 c. à s. de moutarde à l'ancienne
½ oignon rouge
2 c. à s. de câpres
1 citron
Quelques brins de persil plat
Quelques brins de ciboulette
Une dizaine de radis
Fleur de sel, poivre

1. Écalez les œufs, coupez-les en morceaux et placez-les dans un contenant.
2. Dans un petit bol, mélangez la mayonnaise, la moutarde, l'oignon rouge préalablement émincé, les câpres, le zeste du citron et le jus de la moitié du citron.
3. Salez et poivrez puis incorporez du persil plat et de la ciboulette hachés. Ajoutez ce mélange aux œufs.
4. Coupez les radis très finement et ajoutez-les à la salade. Servez frais.

Pour un pique-nique, vous pouvez mettre ce mélange entre des tranches de pain... cela fera un délicieux sandwich ! Ou pour un buffet, pensez à en mettre un peu sur des petits toasts. Décorez-les avec une fleur d'herbe aromatique ou une fleur comestible. Vos convives adoreront !

CAKE AU PARMESAN ET À L'AIL

Pour 8 personnes

PRÉPARATION
15 minutes

CUISSON
45 minutes

INGRÉDIENTS
40 ml de lait entier
½ citron
3 gousses d'ail
115 g de beurre doux
60 ml d'huile végétale (par exemple colza)
280 g de farine
1 sachet de levure chimique
1 grosse pincée de bicarbonate de soude alimentaire
Quelques brins de thym frais
130 g de parmesan râpé
2 œufs
Fleur de sel, poivre

1. Versez le lait dans un bol avec le jus de citron et laissez reposer quelques minutes.
2. Épluchez, émincez l'ail et placez-le dans une poêle avec le beurre et l'huile sur feu doux. Mélangez et réservez.
3. Dans un contenant, mélangez la farine, la levure, le bicarbonate, une grosse pincée de sel, du poivre et les feuilles de thym. Incorporez 100 g de parmesan et les œufs un à un. Versez le lait citronné puis ajoutez le mélange beurre et ail. Mélangez et réservez.
4. Préchauffez le four à 180 °C (th. 6).
5. Beurrez et farinez un moule à cake. Remplissez-le du mélange, parsemez le reste de parmesan et enfournez 40 à 45 minutes. Vérifiez la cuisson avec la lame d'un couteau. Délicieux seul, ou avec du houmous ou accompagné d'une salade !

Un cake parfait pour un apéritif dînatoire. Pour un buffet, coupez les parts en deux ou en quatre.

SALADE DE RADIS RÔTIS

Pour 3 à 4 personnes en entrée ou en accompagnement

PRÉPARATION
15 minutes

REPOS
2 à 5 minutes

CUISSON
30 minutes

INGRÉDIENTS
250 g de radis variés
50 g de beurre doux
5 anchois entiers à l'huile
Le jus d'un demi-citron jaune bio
150 g de lardons fumés (facultatif)
Quelques brins de ciboulette fraîche
Quelques fleurs de ciboulette
Poivre

1. Préchauffez le four à 190 °C (th. 6/7).
2. Lavez les radis, retirez les fanes et coupez-les en deux dans le sens de la longueur. Placez-les sur une plaque allant au four, recouverte de papier sulfurisé.
3. Faites fondre doucement le beurre dans une casserole. Pendant ce temps, écrasez les anchois avec le jus de citron. Laissez le beurre refroidir 2 minutes et incorporez-le.
4. Versez la moitié de ce mélange sur les radis. Mélangez le tout et enfournez 20 minutes.
5. Faites dorer les lardons dans une poêle sans matière grasse. Réservez.
6. Disposez les radis sur une assiette de présentation, ajoutez les lardons et parsemez de ciboulette fraîche et fleurs de ciboulette. Servez avec le reste de sauce à l'anchois. Prévoyez du bon pain car cette sauce est addictive !

PÂTE À PIZZA

Pour 2 pâtes à pizza

PRÉPARATION
10 minutes

REPOS
50 minutes

INGRÉDIENTS
250 ml d'eau tiède
1 c. à c. de levure boulangère (8 g)
1 c. à s. de sucre brun
300 g de farine
1 à 2 grosses pincées de fleur de sel
Filet d'huile d'olive

1. Placez l'eau tiède dans un pichet avec la levure et le sucre. Mélangez et laissez reposer 10 minutes.
2. Versez ce mélange sur la farine et le sel dans un saladier et mélangez à l'aide d'une cuillère en bois. Lorsque vous obtenez une pâte collante, versez un filet d'huile d'olive dessus et mélangez de nouveau.
3. Couvrez d'un torchon propre et laissez reposer et lever, si possible près d'une source de chaleur pendant au moins 40 minutes.
4. Pétrissez la pâte quelques minutes en utilisant un peu de farine pour éviter qu'elle ne colle trop aux doigts. Coupez la pâte en deux étalez-la.
5. Si vous souhaitez en faire de plus petites ou des individuelles, coupez-la avant de l'étaler. Vous pouvez garder les restes de pâte 24 heures maximum.

PIZZA AUX CHOUX DE BRUXELLES ET À LA PANCETTA

Pour 4 à 5 personnes

PRÉPARATION
(Hors pâte à pizza)
15 minutes

CUISSON
35 à 40 minutes

INGRÉDIENTS
1 pâte à pizza
2 échalotes
500 g de choux de Bruxelles
100 g de pancetta
100 g de parmesan râpé
Huile d'olive
Fleur de sel, poivre

1. Préchauffez le four à 190 °C (th. 6).
2. Épluchez, émincez les échalotes et la moitié des choux de Bruxelles. Coupez le reste de choux en deux ou en quarts s'ils sont grands. Mettez-les dans une poêle avec un filet d'huile d'olive et deux pincées de fleur de sel. Mélangez et laissez cuire 4 à 5 minutes.
3. Ajoutez la pancetta coupée en fines tranches. Mélangez et incorporez le parmesan râpé. Ajustez l'assaisonnement avec du sel et du poivre.
4. Étalez la pâte sur une feuille de papier sulfurisé et placez-la sur une plaque allant au four.
5. Versez le mélange sur la pâte en laissant un bord tout autour de 2 à 4 cm. Enfournez pendant 20 à 25 minutes.

ORECCHIETTE NOISETTES ET SAUGE

Pour 4 personnes

PRÉPARATION
15 minutes

CUISSON
10 minutes

INGRÉDIENTS
300 g d'orecchiette
50 g de beurre doux
Une dizaine de feuilles de sauge
Parmesan ou pecorino (à discrétion)
60 g de noisettes grillées
Fleur de sel, poivre

1. Portez une grande marmite d'eau salée à ébullition et plongez-y les orecchiette une dizaine de minutes (selon les indications sur le paquet, je réduis souvent le temps d'une ou deux minutes).
2. Faites fondre le beurre sur feu doux avec les feuilles de sauge, puis laissez infuser doucement 15 à 20 minutes.
3. Égouttez les pâtes puis incorporez le beurre à la sauge avec les feuilles. Concassez les noisettes et parsemez-les sur le dessus. Ajoutez du parmesan ou du pecorino râpé selon vos goûts et servez !

Amusez-vous à varier les plaisirs en utilisant différents types de noix : noix de pécan, cajou, amandes... ou un mélange.

POMMES DE TERRE AU FOUR FARCIES EN DEUX FAÇONS

Pour 6 personnes

PRÉPARATION
10 minutes

CUISSON
50 minutes

INGRÉDIENTS
6 grosses pommes de terre
30 g de beurre doux
Crème fraîche entière
Fromage râpé
Lardons fumés grillés
Ciboulette fraîche
2 tranches de truite fumée
¼ d'oignon rouge
2 c. à s. de câpres
Le zeste d'un citron
Coriandre fraîche
Fleur de sel, poivre

1. Préchauffez le four à 220 °C (th. 7/8).
2. Rincez les pommes de terre et piquez-les un peu partout à l'aide d'une fourchette puis placez-les sur une plaque allant au four (ou dans un plat comme sur la photo). Enfournez 25 minutes.
3. Faites fondre le beurre puis à l'aide d'un pinceau, badigeonnez les pommes de terre. Parsemez de fleur de sel et enfournez de nouveau 20 à 30 minutes (en fonction de la taille des pommes de terre).
4. Sortez-les du four et coupez-les dans le sens de la longueur aux trois-quarts. Placez 2 cuillerées à soupe de crème fraîche au centre de chaque pomme de terre puis au choix :
   · fromage râpé, lardons, ciboulette émincée, fleur de sel et poivre ;
   · morceau de truite fumée, oignon rouge émincé, quelques câpres, zeste de citron, fleur de sel, poivre et coriandre hachée.

Vous pouvez imaginer d'autres combinaisons et lors de grandes tablées ou barbecue, proposez un bar de toppings, chacun peut se servir et imaginer sa propre combinaison en fonction de ses goûts et ses envies.

PASTA AL LIMONE À MA FAÇON

Pour 4 à 5 personnes

PRÉPARATION
15 minutes

CUISSON
20 à 30 minutes

INGRÉDIENTS
3 citrons jaunes bio
50 g de beurre doux
60 g de parmesan râpé (+ pour servir)
4 à 5 brins de thym frais
60 g de pignons
500 g de tagliatelles
250 g de burrata
Huile de truffe blanche (facultatif)
Quelques feuilles de roquette (facultatif)
Fleur de sel, poivre

1. Prélevez le zeste des citrons et pressez-les.
2. Placez le beurre dans une poêle sur feu doux, laissez-le fondre tout doucement et ajoutez le zeste et le jus. Laissez cuire 2 à 3 minutes puis incorporez le parmesan et un peu de thym. Réservez hors du feu avant que le tout brunisse.
3. Faites toaster les pignons dans une poêle sans matière grasse et réservez-les.
4. Portez une grande casserole d'eau salée à ébullition et plongez-y les tagliatelles. Réduisez le temps de cuisson indiqué de 2 minutes. Égouttez-les, en réservant un petit verre d'eau de cuisson, et ajoutez-les à la poêle avec le zeste et jus de citron.
5. Allumez le feu tout doux. Mélangez le tout en incorporant l'eau de cuisson. Parsemez de pignons torréfiés, placez des morceaux de burrata, versez un filet d'huile de truffe blanche et ajoutez quelques feuilles de roquette sur le tout. Poivrez et servez !

B.
C.

GÂTEAU AU CHOCOLAT

Cette recette ultra gourmande me rappelle l'enfance, le chocolat qui colle aux dents !

Pour 8 à 10 personnes

PRÉPARATION
10 minutes

CUISSON
17 minutes

INGRÉDIENTS
400 g de chocolat à pâtisser noir
180 g de beurre doux + une noix pour le moule
5 œufs
100 g de farine
180 g de sucre en poudre
Fleur de sel

1. Préchauffez votre four à 180 °C (th. 6).
2. Dans une casserole, faites fondre le chocolat et le beurre coupé en morceaux à feu très doux.
3. Dans un saladier, ajoutez le sucre, les œufs, la farine. Mélangez.
4. Ajoutez le mélange chocolat et beurre. Mélangez bien.
5. Beurrez et farinez un moule à charnière, placez un disque de papier sulfurisé au fond (cela facilitera le démoulage,) puis versez-y le mélange. Parsemez de fleur de sel. Enfournez 17 minutes et laissez-le refroidir.

Vous pouvez y ajouter des noix de pécan, des noisettes caramélisées concassées, une pincée de cannelle ou de la cardamome…

COOKIES À L'ORANGE ET À LA PISTACHE

Pour une trentaine de cookies

PRÉPARATION
15 minutes

REPOS
20 minutes

CUISSON
15 minutes

INGRÉDIENTS
150 g de beurre doux
150 g de cassonade
2 oranges sanguines
1 œuf
250 g de farine
2 pincées de fleur de sel
50 g de pistaches torréfiées et concassées
Sucre glace

1. Faites fondre le beurre sur feu doux puis versez-le dans un grand contenant. Ajoutez 120 g de cassonade et mélangez.
2. Ajoutez le zeste des deux oranges (réservez-en un peu pour la décoration) et le jus d'une orange. Incorporez le jaune d'œuf (gardez le blanc pour plus tard) puis la farine, le sel et les pistaches.
3. Formez une boule puis coupez-la en deux. Roulez chaque moitié en boudin de 5 à 6 cm de diamètre. Placez un film alimentaire autour de chaque boudin et placez-les au réfrigérateur une vingtaine de minutes.
4. Préchauffez le four à 180 °C (th. 6). Placez une feuille de papier sulfurisé sur une plaque allant au four.
5. Retirez le film des boudins et badigeonnez-les avec le blanc d'œuf puis parsemez-les du reste de cassonade. Coupez chaque boudin en tranches d'un demi-centimètre et placez-les sur la plaque (ou sur deux plaques en fonction de la taille). Enfournez 12 à 15 minutes puis laissez-les refroidir hors du four.
6. Préparez le glaçage en mélangeant du sucre glace avec le jus de la deuxième orange. Commencez progressivement avec par exemple, 100 g de sucre glace et 1 cuillerée à soupe de jus. Vous pouvez ajuster la consistance en fonction du glaçage souhaité – plus ou moins épais.
7. Une fois que les cookies sont à température ambiante, mettez un peu de glaçage sur tout ou sur une partie de chaque cookie puis parsemez du reste de zeste d'orange et de quelques grains de fleur de sel. Laissez sécher et servez avec un bon thé !

AFFOGATO

Pour 1 affogato

PRÉPARATION
10 minutes

CUISSON
5 minutes

INGRÉDIENTS
150 g de pistaches grillées
2 c. à s. de sucre
1 boule de glace à la vanille
1 pincée de cannelle
1 pincée de cardamome
1 espresso

Dès que les premiers beaux jours arrivent, nous invitons des amis à la maison pour un grand déjeuner dans le jardin. C'est l'occasion parfaite pour un bar affogato !
Il vous faut des glaces : vanille, caramel, noisettes, café, chocolat… ; des toppings : noix variées, pralines, noix de coco râpée et pépites de chocolat, grains de café enrobés de chocolat, des épices, caramel fondu, filet de Baileys Irish cream… ; et du très bon café (et déca)… Vous placez le tout soit sur un buffet ou sur un grand plateau, et chacun se sert selon son inspiration et ses envies ! Vous pouvez en faire des versions pour les enfants avec du chocolat fondu. Je vous propose ici la version que j'aime particulièrement.

1. Placez les pistaches et le sucre dans une poêle sur feu doux et mélangez sans cesse. Le sucre va fondre doucement. Recouvrez bien les pistaches puis versez-les sur une feuille de papier sulfurisé.
2. Dans un verre, disposez une boule de glace à la vanille, parsemez de cannelle et de cardamome puis versez le café par-dessus.
3. Concassez légèrement quelques pistaches et parsemez-les sur le tout.

Vous pouvez grignoter le reste de pistaches ou bien les conserver dans une boîte hermétiquement fermée jusqu'au prochain affogato !

ÉTÉ

LES GRANDES VACANCES ET LES FÊTES DANS LE JARDIN

Quel bonheur chaque été de se retrouver lors des grandes vacances en famille et entre amis ! Je garde de merveilleux souvenirs d'être une vingtaine à la maison et souvent 30 à table ! Inutile de vous redire mon amour pour les produits du marché, la cuisine, les grandes tablées... Évidemment ces moments en tribu me réjouissent mais soyons honnêtes, cela peut aussi vite devenir cauchemardesque. Car, si vous êtes la seule personne à prendre en charge les repas et l'intendance – vous perdrez le facteur plaisir très vite et vous aurez besoin de vacances à la fin de l'été ! J'aimerais vous aider à vivre ces moments sereinement, en partageant avec vous quelques humbles conseils. Certains sont à adopter toute l'année.

FLEURS

Hortensia, glaïeul, zinnia, dahlias, lavande, achillée, tournesol, cosmos, marguerites...

IDÉES POUR UNE FÊTE

Préparez des eaux infusées dans des fontaines ou de grands pichets, installez un bar où chacun se sert, placez des guirlandes guinguettes et des bottes de foin autour de la piste de danse, invitez vos amis musiciens à venir avec leurs instruments, placez une accumulation de bougies sur les tables ainsi que des paniers ou compotiers de fruits frais. En surprise, offrez un cours de tango ou de salsa à tous vos convives.

IDÉES DE MARQUE-PLACES ET CADEAUX INVITÉS

Offrez à chacun un cierge magique pour lancer les festivités, un pochon de lavande du jardin, une pêche plate avec un joli ruban, un bouquet d'herbes aromatiques, un pot de confiture maison.

TABLES

Détournez des taies d'oreiller anciennes en petites nappes ou sets de tables... placez des fruits de saison, habillez des bocaux avec des rondelles de citron. Ajoutez des touches de bois, de lin, des coquillages, des verres peints.

PLANIFIEZ LES REPAS DE LA SEMAINE

Cela fait du bien de ne pas réfléchir en vacances, mettez donc votre cerveau au repos. Notez les repas (déjeuners et dîners) sur un papier que vous collez sur un mur visible par tous dans la cuisine. Le bonus : vous n'entendrez pas « qu'est-ce qu'on mange ce soir ? » et si vous êtes en balade, plongé(e) dans un bouquin ou dans un bain tout chaud... quelqu'un d'autre peut confectionner le repas prévu ! Et double bonus, on gaspille moins quand on prévoit les repas de la semaine, d'ailleurs pensez aux repas « restes », en formule buffet : chacun se prépare une assiette à sa guise – du coup on jette moins et cela nous donne du temps pour faire autre chose ou pour buller ! C'est une tradition à mettre en place tous les dimanches soir de l'année !

Autre conseil

J'ai toujours deux paquets de pâtes en plus à la maison, en cas de grosse paresse ou pour un dîner improvisé avec des amis qui vous font la surprise de passer vous voir sans prévenir. Cela vous permettra de rester tranquillement dans votre transat et d'imaginer une sauce avec les légumes que vous avez sous la main.

LA LISTE DES COURSES

Rdv page 18 pour ma méthode. En la suivant, voici le bonus pour les grandes vacances : lors d'une virée au marché, vous pouvez diviser très facilement la liste parmi les personnes de votre tribu qui sont avec vous... Jule s'occupe du primeur, Paloma du fromager et Marco se charge du poissonnier... Mine de rien, il vous restera que le pain, la presse et les fleurs et vous pourrez tous les attendre en sirotant un petit verre au café sous les platanes. Pas mal, non ?

ORGANISEZ DES ÉQUIPES ET DES RÔLES

La maison dans laquelle j'ai passé la plupart de mes vacances est nichée dans la montagne dans les Pyrénées-Orientales. Pendant 35 ans il n'y avait pas l'électricité, il fallait donc couper puis brûler du bois pour avoir de l'eau chaude... il n'y avait donc pas de lave-vaisselle. Et même à 20 ou 30 convives (imaginez la quantité de vaisselle !) cela n'était pas un problème car nous organisions des équipes : l'une mettait et desservait la table, une autre aidait à préparer le repas et une autre faisait la vaisselle (un qui lave, un qui rince, ceux qui essuient, et ceux qui rangent), tout cela en musique, en chantant et en riant. Aujourd'hui mes amis et cousins ont tous de joyeux souvenirs de ces moments uniques. Lorsque les enfants sont plus jeunes, vous pouvez créer des équipes avec des âges variés... cela créé des liens merveilleux ! En fonction de la durée du séjour, vous pouvez faire tourner les rôles et les équipes à votre guise et les noter sur le calendrier des repas dans la cuisine !

LAISSEZ LES GENS PARTICIPER ET LAISSEZ-VOUS PORTER

Bien sûr, nous voulons que nos invités se détendent mais ce n'est pas parce que c'est vous qui recevez cette belle tribu chez vous que c'est à vous de préparer tous les repas tout(e) seul(e)... Il est probable qu'au moins un de vos invités (sinon tous) demandera à un moment donné s'il y a quelque chose qu'il peut faire, apporter ou aider. Ne les chassez pas avec un cocktail. Acceptez leur aide. Cela peut signifier de demander à un ami de se charger de l'apéritif, à un autre de s'occuper du barbecue. Invitez vos amis à se mettre aux fourneaux afin qu'ils partagent avec vous leur spécialité ! Cela fait du bien d'être servi chez soi de temps en temps et les amis sont souvent ravis de participer.

LES RECETTES

Ne vous lancez pas dans des plats qui vont prendre toute la journée à préparer – sauf exception (une fête, un mariage, etc.).

- Privilégiez les recettes qui se préparent à l'avance, qui cuisent seules au four, qui sont rapides à réaliser. Par exemple des soupes, des lasagnes, un poulet rôti, un tian...
- Privilégiez les recettes qui se servent dans de grands plats à table ou sur un buffet, naturellement les gens vont servir leurs voisins, les enfants... plus simple et plus convivial qu'un service à l'assiette !
- Il est souvent plus facile de réaliser deux gâteaux, plutôt qu'un gros : cela vous permet de proposer deux choix et la taille du four ne permet pas toujours un trop gros moule.
- Lorsque vous préparez une tarte, doublez ou triplez la pâte et gardez au réfrigérateur (ou au congélateur) ce que vous n'utilisez pas pour un autre jour, ce sera une étape de moins à faire !
- Préparez des bocaux de dukkah, zaatar, etc. – cela vous permet de proposer des légumes différemment. Par exemple du chou-fleur cru avec une sauce yaourt et herbes, puis deux jours plus tard du chou-fleur rôti au four avec du parmesan et du dukkah ... on n'a pas l'impression de manger la même chose et les saveurs varient.

Profitez de ces moments et savourez-les, ils sont précieux et demeureront dans vos cœurs pour toujours !

BOUCHÉES D'ÉTÉ

Pour 3 à 4 personnes

PRÉPARATION
15 minutes

CUISSON
30 à 40 minutes

INGRÉDIENTS
1 courgette verte
1 courgette jaune
4 figues
2 pêches
3 abricots
Huile d'olive
150 à 200 g de feta
Fleur de sel, poivre
Herbes fraîches : romarin, thym, lavande, basilic nain...

1. Lavez les courgettes et les fruits. Coupez les courgettes en fines lamelles idéalement à l'aide d'une mandoline (faites attention à vos doigts !).
2. Dans une poêle, faites-les dorer de chaque côté avec un peu d'huile d'olive, de sel et de poivre.
3. Coupez les pêches et les abricots en deux et dénoyautez-les. Coupez les figues en deux. Badigeonnez les faces coupées des fruits avec un peu d'huile d'olive et faites-les griller 2 minutes, faces coupées vers le bas. Ajoutez quelques brins de romarin et de thym autour pour augmenter les saveurs.
4. Coupez la feta en cubes puis placez-en un au bout de chaque lamelle de courgette et enroulez-la. Fixez-le avec un pique en bois.
5. Disposez un cube de feta sur chaque face de fruits coupés et replacez le tout dans la poêle sur feu moyen pendant 2 minutes. Parsemez d'herbes fraîches et de poivre. Servez !

JUS DE MELON MIEL À L'ESTRAGON

Pour 3 grands verres

PRÉPARATION
10 à 15 minutes

INGRÉDIENTS
550 g de melon miel
(épluché et en morceaux)
4 à 5 brins d'estragon
½ c. à c. de miel
Le jus d'un citron vert
Une dizaine de gros glaçons

1. Épluchez et coupez le melon en morceaux.
2. Placez les morceaux de melon, les feuilles de 3 brins d'estragon, le miel, le jus de citron vert et la moitié des glaçons dans un blender. Mixez.
3. Versez le jus dans 3 grands verres. Ajoutez le reste de glaçons et décorez avec les brins d'estragon restants. Servez de suite. Rafraîchissant et délicieux !

Vous pouvez aussi varier les plaisirs et jouer sur différentes associations comme par exemple : pastèque-menthe, pêche-basilic, concombre-romarin, fraise-verveine...

SAUCE CITRON MENTHE POUR SARDINES GRILLÉES

Pour 3 personnes
(une douzaine de sardines)

PRÉPARATION
8 à 10 minutes

INGRÉDIENTS
1 petit citron confit
½ citron bio
6 brins de menthe fraîche
1 poignée de noix de pécan
3 à 4 c. à s. d'huile d'olive
Fleur de sel, poivre

1. Placez tous les ingrédients dans un mixeur pour obtenir une sauce.
2. Ajoutez de l'huile d'olive et un peu de jus de citron si vous souhaitez une sauce plus liquide.
3. Grillez les sardines sur un feu de bois, parsemez-les de fleur de sel et servez-les avec la sauce et du pain de campagne.

Délicieux aussi en base de sauce pour des pâtes ou à servir avec des légumes rôtis.

SALADE DE TOMATES ET POITRINE FUMÉE

Pour 4 personnes en entrée

PRÉPARATION
10 minutes

CUISSON
12 minutes

INGRÉDIENTS
100 g de poitrine fumée
2 échalotes
1 c. à s. de moutarde de Dijon
3 c. à s. de vinaigre de vin
4 c. à s. d'huile d'olive
100 g de roquefort
4 à 5 tomates variées
Ciboulette fraîche

1. Faites dorer la poitrine fumée en fines tranches dans une poêle sans matière grasse supplémentaire puis débarrassez-les sur du papier absorbant et réservez.
2. Épluchez et émincez les échalotes puis faites-les revenir dans cette même poêle. Lorsqu'elles sont fondantes, ajoutez la moutarde puis le vinaigre de vin et l'huile d'olive. Éteignez le feu et incorporez le roquefort. Réservez.
3. Lavez et coupez les tomates et placez-les dans un saladier. Ajoutez le mélange avec les échalotes, la ciboulette coupée finement et la poitrine fumée en petits morceaux.

Pour apporter de la fraîcheur, vous pouvez ajouter du concombre en cubes et/ou un peu de citron.

PIZZA PÊCHES, COURGETTES ET BURRATA

Pour 2 pizzas
pour 4 personnes

PRÉPARATION
20 minutes (hors pâte à pizza)

CUISSON
25 minutes

INGRÉDIENTS
1 pâte à pizza (*homemade*, c'est meilleur)
6 c. à s. de pesto de roquette
1 à 2 courgettes
2 pêches
60 g de parmesan
1 burrata
Roquette
5 baies concassées

POUR LE PESTO DE ROQUETTE
150 g de roquette
80 g de parmesan râpé
200 ml d'huile d'olive
1 gousse d'ail
70 g de noisettes ou amandes grillées (émondées)
Fleur de sel, poivre

1. Préparez la pâte à pizza (retrouvez ma recette p. 38). Préchauffez le four à 190 °C (th. 6/7).
2. Coupez la pâte à pizza en deux et étalez-la en deux disques.
3. Placez tous les ingrédients (sauf l'huile) pour le pesto dans un mixeur et ajoutez petit à petit l'huile d'olive jusqu'à l'obtention d'un mélange homogène. Étalez une fine couche de pesto sur chaque disque de pâte en prenant le soin de laisser un bord tout autour.
4. Lavez et coupez en fines rondelles les courgettes. Placez-les par-dessus le pesto.
5. Lavez et coupez en tranches de 1 cm d'épaisseur les pêches et disposez-les sur le dessus. Parsemez de parmesan.
6. Enfournez 15 à 20 minutes. Si la pâte commence à dorer doucement, placez le four en mode gril pour 3 minutes. Sortez la pizza du four, posez des morceaux de burrata de-ci de-là, parsemez de quelques feuilles de roquette et de 5 baies. Servez !

SALADE DE PÊCHES, AVOCATS GRILLÉS ET CHÈVRE FRAIS

Pour 6 personnes

PRÉPARATION
20 minutes

CUISSON
15 minutes

INGRÉDIENTS
4 pêches jaunes
Huile d'olive
4 avocats
1 citron bio
1 ou 2 échalotes
Pommée de pomme (Maison le Paulmier) ou vinaigre balsamique
200 g de chèvre frais
1 pincée de piment d'Espelette
Herbes fraîches (basilic, origan)
Une poignée d'amandes
2 figues (facultatif)
Sel, poivre

1. Faites chauffer votre barbecue (ou à défaut, une poêle). Coupez les pêches (en gardant la peau) en tranches de 2 à 3 cm d'épaisseur. Placez-les dans un grand contenant et versez un filet d'huile d'olive par-dessus. Mélangez délicatement afin de bien recouvrir toutes les faces d'huile. Réservez.
2. Coupez les avocats en deux, retirez le noyau et la peau, puis coupez chaque moitié en trois dans le sens de la longueur. Comme pour les pêches, recouvrez chaque morceau d'huile d'olive.
3. Faites griller les pêches et les avocats 3 à 4 minutes de chaque côté – vérifiez régulièrement que ça ne brûle pas.
4. Débarrassez-les sur un plat de présentation. Parsemez de zeste de citron. Réservez.
5. Émincez l'échalote et placez-la dans un bol, ajoutez 3 cuillerées à soupe d'huile d'olive, 2 cuillerées à soupe de pommée, le jus de citron, le sel et le poivre. Mélangez pour obtenir une petite vinaigrette.
6. Émiettez le chèvre et ajoutez-le au plat par-dessus les pêches et les avocats. Versez la vinaigrette sur le tout puis parsemez d'amandes concassées, les herbes fraîches et le piment d'Espelette. Si vous le souhaitez, vous pouvez ajouter les figues coupées en quatre.

FLAN DE CAROTTE, CORIANDRE ET CRÈME DE COCO

Pour 8 personnes en accompagnement

PRÉPARATION
25 à 30 minutes

CUISSON
1 h 40

INGRÉDIENTS
1,5 kg de carottes
2 oignons jaunes
1 noix de beurre
8 œufs
1 botte de coriandre fraîche
1 c. à c. de coriandre moulue
2 pincées de noix de muscade moulue
330 ml de crème de coco
Une poignée de noisettes grillées
Fleurs comestibles (facultatif)
Sel, poivre

1. Épluchez et coupez les carottes en rondelles de 2 à 3 cm d'épaisseur puis faites-les cuire à la vapeur pendant 30 minutes.
2. Pelez et émincez les oignons. Faites fondre la noix de beurre dans une poêle et faites revenir les oignons avec une pincée de sel.
3. Préchauffez le four à 150 °C (th. 5).
4. Placez les carottes et les oignons dans un mixeur afin d'obtenir une purée. Réservez.
5. Fouettez les œufs entiers dans un contenant. Ajoutez la moitié de la coriandre fraîche hachée, la coriandre moulue, la noix de muscade, du sel et du poivre. Fouettez de nouveau puis versez la crème de coco et mélangez.
6. Incorporez la purée à ce mélange. Versez le tout dans un plat allant au four et faites cuire au four dans un bain-marie pendant 45 minutes. Augmentez le four à 170 °C (th. 5/6) et poursuivez la cuisson 10 à 15 minutes de plus. Vérifiez la cuisson à l'aide d'un couteau – la consistance doit ressembler à celle d'un flan.
7. Concassez les noisettes, hachez le reste de coriandre et parsemez le tout sur le flan. Vous pouvez le servir tiède ou froid.

POULET À LA NOIX DE COCO

Pour 4 personnes

PRÉPARATION
15 minutes

REPOS
20 minutes

CUISSON
40 à 45 minutes

INGRÉDIENTS
4 cuisses de poulet fermier
5 citrons verts
1 grosse c. à c. de massalé* en poudre
Huile d'olive
1 gousse d'ail
80 g de noix de coco râpée
Quelques brins de coriandre fraîche
Sel, poivre

*Le massalé est un mélange d'épices (coriandre, trigonelle, curcuma, origan, cumin, gingembre, chili, noix de muscade, cardamome, clous de girofle) originaire de l'île de La Réunion. Vous pouvez en trouver en grande surface. Si vous n'en trouvez pas, vous pouvez le remplacer par du curry.

1. Préchauffez le four à 200 °C (th. 6/7).
2. Dans un grand contenant, mélangez le zeste et le jus de 3 citrons verts, le massalé, 2 cuillerées à soupe d'huile d'olive, l'ail pelé et émincé, du sel et du poivre. Ajoutez les cuisses de poulet et recouvrez-les bien du mélange. Laissez reposer au moins 20 minutes.
3. Ajoutez la noix de coco. Placez les cuisses dans une poêle allant au four et faites-les revenir 3 à 4 minutes de chaque côté sur feu moyen puis enfournez 25 minutes – en les retournant à mi-cuisson. Vérifiez la cuisson et laissez le plat au four 5 à 10 minutes de plus, si nécessaire.
4. Coupez le reste de citrons verts en quartiers afin de les servir avec le poulet. Parsemez le tout de coriandre hachée.

Vous pouvez servir ce plat avec du riz parfumé au gingembre, un chutney de mangue ou d'abricot...

TOURTE AUX ÉPINARDS

Pour 6 à 8 personnes

PRÉPARATION
20 minutes

REPOS
30 minutes

CUISSON
30 minutes

INGRÉDIENTS
50 g de beurre doux
2 échalotes
2 gousses d'ail
30 g de farine
320 ml de lait demi-écrémé ou entier
150 g de parmesan râpé
550 g d'épinard décongelé et essoré
2 pâtes feuilletées
(de chez le boulanger de préférence)
1 œuf
Fleur de sel, poivre

1. Faites fondre le beurre sur feu doux et ajoutez les échalotes et l'ail émincés. Ajoutez une pincée de sel et laissez cuire 2 minutes. Incorporez la farine et mélangez une trentaine de secondes. Versez doucement le lait tout en fouettant doucement. Le mélange va s'épaissir au bout de 2 ou 3 minutes. Retirez la casserole du feu et incorporez le parmesan, puis les épinards et du poivre. Placez le tout dans un contenant et laissez-le refroidir complètement.
2. Préchauffez le four à 200 °C (th. 6/7).
3. Placez une des pâtes feuilletées dans un moule à tarte (23 à 25 cm de diamètre). Répartissez le mélange épinards puis placez la deuxième pâte par-dessus. Repliez le bord des pâtes sur elles-mêmes afin de tout bien sceller. Faites des petits trous sur le dessus. Badigeonnez la pâte avec l'œuf préalablement battu. Parsemez de poivre
et enfournez 35 à 40 minutes. La pâte doit être bien dorée.

Délicieux chaud ou à température ambiante avec une salade verte bien fraîche !

PÂTES COURGETTES ET FETA

Pour 4 personnes

PRÉPARATION
15 minutes

CUISSON
35 minutes

INGRÉDIENTS
2 à 3 courgettes
Une vingtaine de tomates cerises
2 échalotes
2 gousses d'ail
Huile d'olive
200 g de feta
3 à 4 brins de thym frais
500 g de pâtes (de votre choix)
Parmesan (facultatif)
Fleur de sel, poivre

Vous avez certainement vu la recette d'une finlandaise qui a fait le tour du monde à base de tomates cerises et de feta. J'ai voulu réaliser la recette avec des courgettes… Immense succès !

1. Préchauffez le four à 200 °C (th. 6/7).
2. Dans un grand plat allant au four, placez les courgettes coupées en cubes (avec la peau), les tomates cerises, les échalotes pelées et émincées, les gousses d'ail pelées et hachées, et les feuilles de 2 brins de thym frais. Versez un filet d'huile d'olive sur le tout et mélangez avec une grande cuillère afin que tout soit bien recouvert d'huile.
3. Placez la feta entière sur les légumes, versez un filet d'huile par-dessus et enfournez 30 à 35 minutes.
4. Pendant ce temps, faites cuire les pâtes dans un grand volume d'eau salée une minute de moins que le temps indiqué sur le paquet puis égouttez-les.
5. Sortez le plat du four, mélangez son contenu puis versez par-dessus les pâtes et mélangez. Salez, poivrez selon vos goûts puis incorporez le reste de thym et du parmesan râpé si vous le souhaitez. Régalez-vous !

SORBET MENTHE

Pour 1 litre

PRÉPARATION
30 minutes

CUISSON
10 minutes

REPOS
12 heures

INGRÉDIENTS
300 ml d'eau bouillante
300 g de sucre en poudre
Les feuilles de 5 à 6 brins de menthe fraîche
500 ml d'eau froide
Le jus d'un demi-citron
Limoncello
Pépites de chocolat

1. Versez l'eau bouillante et le sucre dans un contenant et mélangez jusqu'à la dissolution complète du sucre.
2. Ajoutez les feuilles de menthe et écrasez-les afin de faire sortir les saveurs. Laissez refroidir 10 minutes puis ajoutez l'eau froide. Couvrez et placez au réfrigérateur une nuit.
3. Le lendemain, retirez les feuilles de menthe et incorporez le jus de citron. Placez dans une sorbetière pendant 25 minutes.
4. Servez une boule de sorbet et versez un fond de limoncello (très rafraîchissant à la fin d'un dîner) ou parsemez de pépites de chocolat (pour un côté After Eight).

Vous pouvez conserver le sorbet 2 semaines au congélateur. Délicieux également avec des mûres et myrtilles.

GÂTEAU À LA PISTACHE

Pour 10 personnes

PRÉPARATION
25 à 30 minutes

CUISSON
45 minutes

REPOS
30 minutes

INGRÉDIENTS
250 g de pistaches décortiquées
280 g de farine
1 sachet de levure chimique
2 pincées de bicarbonate de soude alimentaire
1 belle pincée de fleur de sel
180 g de beurre doux pommade
150 g de sucre en poudre
150 g de cassonade
4 blancs d'œufs
120 g de crème fraîche épaisse
1 c. à c. d'extrait d'amande amère
240 ml de lait demi-écrémé

POUR LE GLAÇAGE ET LA DÉCORATION
250 g de cream cheese
110 g de beurre doux
400 g de sucre glace
Fruits rouges, pistaches et herbes aromatiques

1. Préchauffez le four à 180 °C (th. 6). Beurrez et farinez un moule à charnière de 24 cm de diamètre. Réservez.
2. Mixez les pistaches pour les réduire en miettes. Placez-les dans un grand contenant et ajoutez la farine, la levure, le bicarbonate et le sel. Réservez.
3. Dans un autre contenant, mélangez le beurre et les sucres afin d'obtenir une consistance homogène.
4. Ajoutez les blancs d'œufs un à un et battez vigoureusement pendant 2 à 3 minutes. Incorporez la crème fraîche et l'extrait d'amande amère. Ajoutez le mélange de farine petit à petit, puis le lait. Placez le mélange dans le moule et enfournez 40 à 45 minutes. Vérifiez la cuisson avec la lame d'un couteau. Laissez le gâteau refroidir une dizaine de minutes puis démoulez-le et placez-le sur un plat de présentation. Réservez 15 à 20 minutes.
5. Pendant ce temps, préparez le glaçage. Mélangez le cream cheese et le beurre puis incorporez progressivement le sucre glace. Placez ce mélange au réfrigérateur une quinzaine de minutes.
6. Versez le glaçage sur le gâteau et décorez-le selon vos envies. Vous pouvez conserver le gâteau 2 à 3 jours au réfrigérateur. Je vous recommande dans ce cas de le décorer juste avant de le servir.

AUTOMNE

APRÈS L'ÉTÉ, LES DOUCES COULEURS D'AUTOMNE INVITENT AU PARTAGE ET AU RÉCONFORT

Après la légèreté de l'été… l'automne arrive à pas de velours. Les feuilles des arbres deviennent jaunes, ocres et rouges. On ressort des plaids et une petite laine. On retrouve l'excitation du premier feu de cheminée de la saison. On décore sa maison avec des courges variées. Les plats réconfortants sont de retour ! Tout semble ralentir et devenir douillet.

FLEURS

Dahlias, anémone du Japon, camélias d'automne, hortensia automnale, protea

TABLES

Des pommes, des feuilles et fleurs séchées, des quilts anciens, des matières plus épaisses, plus lourdes, du verre, de la céramique, du métal, des épis de maïs séchés, des courges. L'automne arrive en force avec les dernières récoltes avant l'hiver. Des couleurs chaudes ou à l'inverse, des tons doux et neutres – vous trouverez de sublimes variétés de courges : baby boo, bleu de Hongrie, pâtisson blanc…

IDÉES POUR UNE FÊTE

Préparez une grande marmite de cidre de pomme aux épices chaud ou un cocktail signature avec de la cannelle et des figues, prévoyez des plaids, proposez une grande planche de fromages et délices, c'est parfait pour un apéritif dînatoire !

IDÉES DE MARQUE-PLACES ET CADEAUX INVITÉS

Une rondelle de pomme séchée, un bâton de cannelle et un cristal, un petit pain en forme de courge, un bandana brodé maison, des pommes d'amour au caramel, une bouteille de cidre fermier.

Citrouilles, pommes et feuilles sont des éléments de décoration récurrents durant cette saison. Cependant, il y a plusieurs possibilités de mises en scène. Par exemple, des pommes peuvent devenir des bougeoirs (retrouvez le DIY dans mon premier ouvrage *Chez Miss Maggie's Kitchen*) et des feuilles peuvent être utilisées pour y noter les prénoms de vos invités.

L'AUTOMNE SOUS LES POMMIERS

- Utilisez des pommes comme chandeliers, des bouteilles en verre vides (bière, vin) en vases ou bougeoirs, de petites citrouilles comme des marque-places, des cagettes en table basse... Laissez-vous guider par votre créativité.
- L'automne est la saison parfaite pour faire rentrer des branches de feuilles automnales dans la maison. J'adore les arrangements floraux qui n'ont pas l'air travaillés. J'ai quelques vases mais en réalité, j'aime surtout détourner des contenants : une vieille jarre, un broc, un seau à champagne ancien en argent... Je trouve que cela donne plus de caractère.
- Vous pouvez aussi vous amuser à suspendre une branche d'érable au-dessus d'une table avec ou sans une guirlande lumineuse.

AUTOMNE WESTERN

- Utilisez des couleurs automnales comme le brun ou l'ocre, par exemple avec du bleu, du rose, du jaune – qui rappelle la lumière dorée à la fin de l'été. Prenez des nappes aux tissus lourds, des bandanas comme serviettes, des fleurs séchées... Imaginez un repas partagé après une longue journée d'équitation en pleine nature !

UN AUTOMNE NORDIQUE

Utilisez de la céramique, un produit en accumulation (par exemple des poires), du métal, du lin ou du coton épais... dans des couleurs neutres. Optez pour une déclinaison de blancs et de gris. Un retour aux pièces essentielles et fortes.

QUELQUES CONSEILS SI VOUS FÊTEZ THANKSGIVING

- Acceptez de l'aide que ce soit pour les courses ou la réalisation de certains plats.
- Rédigez votre menu en amont afin de lister ce qui peut être fait en avance et ce qui doit être fait le jour J.
- Organisez la mise en scène de votre table à J-2. Cela vous permet de faire des ajustements. Pensez à détourner un quilt ancien ou un plaid en guise de nappe.
- Servez le repas sous forme de buffet, cela est beaucoup plus simple. Chacun se sert selon ses envies et ses goûts.
- Prévoyez une petite attention pour chaque invité : une carte les remerciant pour quelque chose, une photo souvenir...

TOASTS DE REINES-CLAUDES, POITRINE FUMÉE ET BURRATA

Pour 6 toasts de taille moyenne

PRÉPARATION
15 minutes

CUISSON
15 minutes

INGRÉDIENTS
6 tranches de pain de campagne
Une douzaine de reines-claudes
Huile d'olive
150 g de poitrine fumée
Pommée de Maison Le Paulmier
1 burrata
Quelques brins de menthe fraîche
Fleur de sel, poivre

1. Faites toaster le pain et réservez.
2. Coupez les prunes en deux, retirez les noyaux, badigeonnez-les d'huile d'olive et faites-les griller dans une poêle ou sur une grille de barbecue avec un filet de pommée. Parsemez de fleur de sel et réservez.
3. Faites griller la poitrine fumée et réservez.
4. Placez 2 ou 3 moitiés de prune sur un toast, puis un peu de burrata, parsemez de poitrine fumée en morceaux, de menthe hachée de sel et de poivre. Servez !

GASPACHO DE MAÏS

Pour 4 personnes

PRÉPARATION
20 minutes

RÉFRIGÉRATION
30 minutes

INGRÉDIENTS
3 épis de maïs
3 tomates jaunes (de genre ananas)
1 poivron jaune
1 oignon jaune
½ concombre
Huile d'olive
Vinaigre de vin blanc ou vinaigre de cidre
½ oignon rouge
Quelques feuilles de basilic frais
Fleur de sel, poivre

1. Retirez les grains de maïs et faites-les dorer puis caraméliser doucement dans une poêle avec un filet d'huile d'olive et un peu de sel. Réservez le temps qu'ils refroidissent.
2. Placez les trois-quarts du maïs dans un blender avec les tomates et le poivron coupés en morceaux, l'oignon jaune émincé, la moitié du demi-concombre pelé et taillé en morceaux, 4 à 5 cuillerées à soupe d'huile d'olive, 2 cuillerées à soupe de vinaigre, du sel et du poivre. Mixez.
3. Ajustez l'assaisonnement et la consistance si besoin avec un peu d'eau. Placez le tout au réfrigérateur pendant 30 minutes.
4. Coupez le restant du concombre non-épluché en petits dés. Faites de même avec l'oignon rouge. Placez-les dans un bol avec du basilic haché, le restant de maïs, un filet d'huile d'olive et du poivre.
5. Juste avant de servir, placez un peu de ce mélange par-dessus chaque soupe.

Vous pouvez, si vous le souhaitez, la servir avec des crostinis frottés à l'ail et parsemez de zeste de citron jaune.

ARTICHAUTS, OLIVES ET FETA

Pour 4 à 6 personnes

PRÉPARATION
10 minutes

CUISSON
15 minutes

INGRÉDIENTS
2 bocaux de cœurs d'artichauts à l'eau (350 g égouttés)
Huile d'olive
1 échalote
1 à 2 gousses d'ail
1 citron bio
1 c. à s. de graines de fenouil
2 c. à s. de câpres
300 g d'olives (j'aime utiliser un mélange d'olives)
150 g de feta
Quelques brins de thym frais
Fleur de sel, poivre

1. Faites chauffer un filet d'huile d'olive dans une poêle. Ajoutez l'échalote pelée et émincée, salez et laissez cuire 2 minutes. Ajoutez les cœurs d'artichauts et laissez le tout dorer 7 à 8 minutes.
2. Parsemez de thym frais, d'ail émincé, du jus de citron (prélevez le zeste avant et réservez) et les graines de fenouil. Mélangez et laissez cuire 2 à 3 minutes.
3. Incorporez les olives et les câpres. Baissez le feu et laissez cuire doucement une vingtaine de minutes.
4. Ajoutez le zeste de citron et la feta émiettée. Placez quelques petits brins de thym frais et servez.

Vous pouvez servir cette recette en entrée, en accompagnement ou sur des tranches de pain de campagne toasté pour l'apéritif !

LE CREUSET

PIZZA AUX RAISINS ET AUX FIGUES

Pour 2 pizzas (4 personnes)

PRÉPARATION
15 minutes

CUISSON
20 minutes

INGRÉDIENTS
1 pâte à pizza (fait maison, c'est meilleur)
6 c. à s. de pesto
60 g de parmesan râpé
6 à 7 figues
2 à 3 belles grappes de raisin
150 g de speck
250 g de burrata
1 poignée de roquette
Huile de truffe
Cinq baies

1. Préparez la pâte (ma recette p. 38-39). Préchauffez le four à 190 °C (th. 6/7).
2. Séparez-la en deux et abaissez-la en deux disques d'environ 0,5 cm d'épaisseur. Étalez une fine couche de pesto sur chaque pâte en prenant le soin de laisser un bord tout autour. Parsemez de parmesan et enfournez 10 minutes.
3. Ajoutez par-dessus les figues coupées en deux ou en quatre et le raisin en grappes. Enfournez de nouveau 5 à 7 minutes puis mettez le four en mode gril pour 3 à 4 minutes.
4. Sortez la pizza du four, placez du speck de-ci de-là. Faites de même avec la burrata. Ajoutez quelques feuilles de roquette, un filet d'huile de truffe et un peu de cinq baies concassées.

CUISSES DE POULET AUX RAISINS

Pour 4 personnes

PRÉPARATION
10 minutes

CUISSON
40 minutes

INGRÉDIENTS
4 cuisses de poulet fermier
50 g de beurre doux
3 c. à s. de pommée (Maison Le Paulmier) ou vinaigre balsamique
2 oignons jaunes
Huile d'olive
4 à 5 petites grappes de raisins variés
4 à 5 brins de romarin
Sel, poivre

1. Préchauffez le four à 190 °C (th. 6/7).
2. Faites fondre le beurre dans une poêle allant au four.
3. Salez les cuisses de poulet, versez le pommée par-dessus et faites-les dorer dans la poêle 4 à 5 minutes de chaque côté. Débarrassez et réservez-les sur un plat.
4. Pelez et émincez les oignons puis ajoutez-les dans la poêle avec un filet d'huile d'olive et une pincée de sel. Une fois que l'oignon est fondant, ajoutez les grains de raisin par-dessus. Disposez les cuisses sur le dessus et enfournez la poêle 20 à 25 minutes.
5. Vérifiez la cuisson, le temps dépendra de la taille des cuisses. Si nécessaire, laissez-les au four encore quelques minutes. Servez avec une purée de pommes de terre ou de courgettes.

TAJINE VEGGIE

Pour 5 à 6 personnes

PRÉPARATION
25 minutes

CUISSON
1 h 15 à 1 h 30

INGRÉDIENTS
½ butternut
2 courgettes
1 aubergine
1 oignon rouge
1 échalote
2 carottes
Huile d'olive
3 gousses d'ail
2 c. à c. de concentré de tomates
½ c. à s. de cumin moulu
1 c. à s. de cannelle moulue
½ c. à s. de coriandre moulue
1 c. à s. de graines de coriandre
2 c. à s. de miel
480 ml de bouillon de légumes
Une vingtaine d'olives vertes
½ botte de coriandre fraîche
½ botte de menthe fraîche
Fleur de sel, poivre

POUR LA SEMOULE
300 g de semoule
80 à 100 g d'amandes effilées torréfiées
1 à 2 c. à c. de cannelle moulue
60 g de raisins blonds secs
50 g de beurre demi-sel

1. Lavez, épluchez si nécessaire, et coupez les légumes en morceaux (butternut, courgettes, aubergine, oignon, échalote, carottes).
2. Versez de l'huile dans une grande sauteuse (ou poêle) et placez-y les légumes avec une pincée de sel. Laissez-les cuire une dizaine de minutes en mélangeant de temps en temps. Ils doivent tout juste commencer à être fondant et dorés.
3. Ajoutez l'ail émincé, le concentré de tomates, le cumin, la cannelle et la coriandre (moulue et en graines). Mélangez et laissez cuire 3 minutes de plus.
4. Incorporez le miel et le bouillon. Mélangez puis ajoutez les olives et couvrez la sauteuse. Baissez le feu et laissez cuire 40 à 45 minutes. Juste avant de servir, parsemez le plat de coriandre et de menthe hachées finement.
5. Pendant ce temps, préparez la semoule. Suivez les instructions indiquées sur le paquet puis incorporez le beurre, la cannelle, les amandes torréfiées et les raisins. Ajustez l'assaisonnement selon vos goûts.

Préparez cette recette toute l'année en variant les légumes au fil des saisons et de vos envies !

LE BOURGUIGNON DE JACQUES

Pour 6 à 8 personnes

PRÉPARATION
25 minutes

CUISSON
3 heures

INGRÉDIENTS
4 à 5 c. à s. d'huile de colza
1,5 kg de viande coupée en morceaux
300 g de lardons fumés
1 gros oignon jaune
3 gousses d'ail
75 cl de vin rouge (chianti ou bordeaux)
3 c. à s. de concentré de tomates
50 cl de bouillon de bœuf
2 feuilles de laurier
4 brins de thym frais
400 g d'oignons nouveaux
Noix de beurre doux
400 g de champignons (un mélange de ce que vous trouvez : champignons de Paris, girolles, chanterelles…)
3 carottes
2 c. à s. de farine
Fleur de sel, poivre

1. Versez l'huile dans une grande cocotte et faites-y saisir la viande. Ajoutez les lardons et l'oignon jaune émincé. Mélangez et laissez cuire 3 à 4 minutes. Ajoutez l'ail émincé, le vin rouge, le concentré de tomates, le bouillon, le laurier et le thym. Mélangez, couvrez et laissez mijoter 15 minutes.
2. Préchauffez le four à 150 °C (th. 5). Placez-y la cocotte (toujours couverte) pendant 2 h 30.
3. Pendant ce temps, faites revenir les oignons nouveaux (coupez-les en deux s'ils sont gros) dans une poêle avec un noix de beurre pour qu'ils dorent. Dans une autre poêle, faites dorer les champignons avec un peu de beurre. Réservez.
4. Sortez la cocotte du four. Ajoutez les carottes épluchées, coupez-les en fines rondelles, les oignons nouveaux et les champignons. Laissez mijoter à mi-couvert pendant 30 minutes.
5. Si vous souhaitez épaissir la sauce, placez la farine dans un petit bol avec un peu d'eau froide. Délayez à l'aide d'une fourchette puis incorporez une à une 3 cuillerées à soupe de la sauce de la cocotte. Versez ce mélange dans la cocotte et mélangez, la sauce va épaissir doucement.

Servez avec des pommes de terre cuites à l'eau.

MAC & CHEESE

Pour 3 à 4 personnes

PRÉPARATION
10 minutes

CUISSON
20 minutes

INGRÉDIENTS
240 g de macaroni
60 g de beurre doux
60 g de farine
480 ml de lait
200 g de cheddar râpé (du bon et goûteux !)
2 brins de thym frais
Fleur de sel et poivre

1. Faites cuire les macaronis *al dente* dans une grande casserole d'eau salée pendant 7 à 8 minutes.
2. Faites fondre le beurre dans une casserole et ajoutez la farine. Mélangez bien puis versez le lait petit à petit sans cesser de mélanger. Ajoutez le cheddar et mélangez afin d'obtenir une consistance homogène. Salez et poivrez selon vos goûts.
3. Dès que les pâtes sont cuites, égouttez-les et versez le mélange par-dessus afin de bien toutes les recouvrir. Ajoutez quelques feuilles de thym frais et servez.

Pour varier les plaisirs, vous pouvez mélanger deux fromages (cheddar et parmesan par exemple), ajoutez du bacon grillé en morceaux, du blanc de poulet rôti, du jambon, des légumes (champignons) ou même quelques gouttes d'huile de truffe blanche !

CAKE À LA NOIX DE COCO

Pour 8 à 10 personnes

PRÉPARATION
20 minutes

CUISSON
50 minutes

INGRÉDIENTS
125 g de beurre doux
100 g de cassonade
3 œufs
200 g de farine
1 sachet de levure
1 pincée de bicarbonate de soude alimentaire
1 pincée de fleur de sel
100 ml de lait
140 g de noix de coco râpée
Un demi pot de confiture de myrtilles, soit environ 185 g (ou un autre parfum de votre choix)

1. Préchauffez le four à 190 °C (th. 6/7).
2. Faites fondre doucement le beurre puis versez-le dans un grand contenant. Ajoutez le sucre et mélangez à l'aide d'un fouet. Incorporez les œufs un à un. Réservez.
3. Dans un autre contenant, mélangez la farine, la levure, le bicarbonate et le sel. Ajoutez ce mélange au premier puis incorporez 100 g de noix de coco râpée. Mélangez à l'aide d'une spatule.
4. Versez le tout dans un moule à cake (préalablement beurré et fariné) et enfournez 45 à 50 minutes. Vérifiez la cuisson avec la lame d'un couteau et si besoin laissez le gâteau une dizaine de minutes de plus.
5. Démoulez le cake et laissez-le refroidir une vingtaine de minutes. Versez la confiture sur le dessus du cake et parsemez du restant de noix de coco râpée.

POIRE FEUILLETÉE

Pour 4 personnes

PRÉPARATION
20 à 25 minutes

CUISSON
25 minutes

INGRÉDIENTS
2 poires
1 c. à c. de jus de citron
2 c. à c. de sucre brun
Cannelle moulue
3 c. à s. de confiture
(abricots, mirabelles, figues...)
1 pâte feuilletée

1. Préchauffez le four à 190 °C (th. 6/7).
2. Coupez les poires en deux dans le sens de la longueur et badigeonnez les faces coupées avec un peu de jus de citron. Parsemez-les ensuite de sucre brun. Vous pouvez, si vous le souhaitez, mettre un peu de cannelle moulue sur les faces coupées.
3. Disposez les poires, côté coupé vers le bas, sur une plaque allant au four recouverte d'une feuille de papier sulfurisé. Mettez un peu de confiture sur la partie bombée des poires.
4. Étalez la pâte feuilletée sur 0,5 cm d'épaisseur et placez-la par-dessus les poires. À l'aide d'un couteau, coupez la pâte autour de chaque poire afin que les côtés soient bien recouverts - comme une coque pour chaque poire.
5. Avec le reste de pâte vous pouvez vous amuser à faire des branchettes et des feuilles que vous collerez avec une goutte d'eau pour décorer les poires.
6. Faites des petites incisions dans la pâte puis parsemez-la de sucre et de cannelle si vous le souhaitez.
7. Enfournez 20 à 25 minutes. La pâte doit être bien dorée. Laissez refroidir 1 à 2 minutes puis retournez délicatement chaque poire. Servez-les tièdes ou à température ambiante. Vous pouvez ajouter une boule de glace, du granola ou encore des pépites de chocolat !

Vous pouvez faire cette recette avec des pommes, des pêches, des abricots... amusez-vous !

HIVER

LA JOIE DES FÊTES DANS LE CALME

Chaque année la frénésie des fêtes nous donne un peu le tournis... Afin de vivre cette période festive pleinement et sereinement, voici quelques conseils en forme de pense-bête et planning.

FLEURS

Callicarpa, roses de Noël, mimosa, renoncule, anémone, amaryllis, jacinthe... et des branches, de l'eucalyptus, poinsettia (en rouge, mais aussi en blanc, pêche, rose...), gui.

TABLES

Un centre de table qui rappelle la forêt dans les tons vert et blanc, des couleurs chaudes et joyeuses, un style British chic ou encore des tons clairs pour une nouvelle année toute en légèreté.

IDÉES POUR UNE FÊTE

Une boule disco, une super playlist et un grand pichet d'eggnog !

IDÉES DE MARQUE-PLACES ET CADEAUX INVITÉS

Une petite couronne faite maison, des biscuits de Noël, un bocal de thé maison, des fortunes cookies, un pochon de pot-pourri, des rondelles d'oranges séchées.

FIN OCTOBRE

Pensez aux cartes de vœux : la liste, le choix de la créa (une photo ? une illustration ? tout fait maison avec des pages de livres recyclées ?)

6 SEMAINES AVANT

On prépare la liste pour le Père Noël.

PREMIÈRE SEMAINE DE DÉCEMBRE

- Achetez des cadeaux, papiers cadeaux et étiquettes – est-ce qu'il y a des cadeaux à envoyer loin ?
- Faites l'inventaire de la déco : ce que l'on a, ce que l'on souhaite faire maison...

· Est-ce que les guirlandes de lumières fonctionnent encore ?
· Pensez à la mise en scène de sa table – faut-il commander un centre de table auprès de son fleuriste préféré ? Ou est-ce que vous le ferez maison ? Avec l'aide des enfants ? La nappe est-elle propre et repassée ? Faut-il passer un coup sur l'argenterie ?
· Rédigez doucement vos cartes de vœux.
· Achetez un sapin qui va embaumer toute la maison.
· Finalisez les menus : réveillon et jour de Noël et on prépare sa liste de courses (voir ma méthode, p. 18) pas toujours évident avec les régimes de chacun, faites au mieux !
· Commandez votre dinde (mes conseils de cuisson, voir ci-contre).
· Décorez ! Placez une jolie couronne sur votre porte (*homemade*, voir p. 134 ou achetée)
· Commencez votre playlist de fêtes de fin d'année.
· Faites brûler des bougies aux odeurs de sapin et d'oranges épicées, préparez vos pots-pourris (voir p. 134) maison pour de douces odeurs de Noël.

DEUX SEMAINES AVANT

· Finalisez les cadeaux des invités et le placement de table.
· Gros nettoyage et tri du frigo – vous aurez besoin de place !
· Courses de tout ce qui n'est pas périssable (vin, huile, épices…).
· Pensez à votre tenue – d'ailleurs cela peut être chouette de donner un thème ou code couleur à l'ensemble de vos convives.
· Demandez à vos enfants de faire un tri dans leurs jouets et de donner ceux qui ne sont plus de leur âge et en bon état.
· Regardez un film de Noël en famille.

UNE SEMAINE AVANT

· Gros ménage de la maison, préparez les lits, etc.
· Achat de piles pour les jouets des enfants qui seront livrés par le Père Noël.
· Faites un tour des vitrines de Noël, allez boire un vin chaud au marché de Noël avec des amis.
· Faites des biscuits de Noël à offrir au facteur, à vos voisins, à vos amis, aux maîtresses d'école des enfants… emballez-les dans une boîte avec un joli ruban (voir p. 170 pour la recette).

3 JOURS AVANT

· Faites les courses de produits frais.
- Allez chercher votre dinde.
· Commencez la mise en scène de la table – cela sera un gain de temps mais aussi et surtout cela vous laissera le temps de l'ajuster, de racheter du ruban si nécessaire, etc. dans le calme.

2 JOURS AVANT

- Cuisinez ce qui peut être fait en avance (coupez les légumes, préparez les pâtes à tartes...)
- Allez chercher des fleurs chez votre fleuriste ou des branches et du houx en forêt.
- Installez un coin bar pour petits et grands – comme ça chacun se sert. Si besoin remplissez une grande glacière de glaçons et de bouteilles de champagne, vin blanc, jus... La place est souvent limitée dans le frigo !
- Faites une donation de plats et de cadeaux pour les plus démunis – renseignez-vous auprès de votre mairie afin de savoir où cela est possible.

LA VEILLE

- Finalisez la table, les papiers cadeaux.
- Calculez l'heure à laquelle vous devez enfourner votre dinde et mettez une alarme de rappel sur votre téléphone.
- Préparez des scones aux noix de pécan et un cake clémentine/pistaches (recette de mon premier livre) – parfaits pour le petit déjeuner et le goûter !
- Prenez 1 heure (au moins) rien que pour vous : « spa » à la maison (masque, vernis), un livre, une série, une séance de yoga, une balade... quelque chose qui vous fait du bien !
- Détendez-vous et dégustez un cocktail en chantant des chants de Noël.
- Laissez un verre de lait, des biscuits et des carottes pour le Père Noël et ses rennes.

Conseils pour la cuisson d'une dinde

- Comme pour le poulet rôti, il est essentiel que la dinde soit à température ambiante avant de l'enfourner.
- Mettez-la dans un four à 200 °C (th. 6/7) pendant 20 minutes dans un sens puis retournez-la, placez-la à l'envers et laissez-la 20 minutes de plus.
- Disposez les blancs vers le haut, baissez le four à 170 °C (th. 5/6) et laissez rôtir doucement en l'arrosant régulièrement. Si la peau devient trop dorée, vous pouvez former une tente par-dessus avec de l'aluminium.

POIDS DE LA DINDE	TEMPS DE CUISSON (variable en fonction de votre four)
4,5 à 5,5 kg	2 h 30 à 3 heures
5,5 à 6,35 kg	2 h 45 à 3 h 30
6,35 à 7,25 kg	3 heures à 3 h 45
7,25 à 8,60 kg	3 h 30 à 4 h 30
9 kg et plus	3 h 45 à 4 h 30

COURONNE POUR LA MAISON

Durant la période des fêtes, j'adore mettre des couronnes un peu partout : sur la porte d'entrée, sur celle du garage en bois, dans le salon, dans la cuisine... J'en fabrique certaines moi-même – surtout celles pour la cuisine. Je fixe une base de branches de sapin, de lierre ou encore de mousse que je trouve dans la nature puis j'y ajoute des herbes aromatiques fraîches : sauge, romarin, thym, origan... Je place cette couronne juste au-dessus de ma gazinière ce qui me permet d'avoir des herbes du jardin à portée de main quand je cuisine. Elles sèchent avec le temps bien sûr, mais leurs odeurs sont divines ! Cela peut être une chouette idée de cadeau ou d'atelier à faire entre amis avec un bon thé chaud et une part (ou deux) de gâteaux !

POTS-POURRIS POUR EMBAUMER LA MAISON

Pochons de pots-pourris

Voici une idée de petit cadeau que j'adore ! Pour cela, il vous faut :

- des pochons ou des petits bocaux (pots à confiture)
- du ruban
- des cuillères en bois
- des brindilles

Je vous propose différentes versions de pot-pourri possible :

- Placez les épices dans un joli contenant tel quel : orange séchée, bâtonnets de cannelle, anis étoilé, pommes de pin.
- Faites frémir les produits suivants quelques minutes puis versez dans des petits bols un peu partout dans la maison : jus de pomme, pelures de pomme, cannelle, clou de girofle, tranches d'orange.

Voici deux autres propositions de composition :

- Bâtonnets de cannelle, branchettes de sapin, clous de girofle, noix de muscade, cranberries frais, 1 clémentine, 1 anis étoilé.
- Citron, romarin, bâtonnet de cannelle.

Comment sécher des oranges, pamplemousses, citrons...

C'est joli, ça sent divinement bon et c'est tout simple à faire !

- Préchauffez le four à 110 °C (th. 2/3) (chaleur tournante).
- Utilisez un bon couteau bien aiguisé et détaillez les agrumes en tranches de 0,5 cm d'épaisseur. Placez-les sur une plaque recouverte d'une feuille de papier sulfurisé. Enfournez 4 heures et retournez-les à mi-cuisson. Disposez-les sur une grille pour qu'elles finissent de bien sécher.
- Vous pouvez en faire des guirlandes, des décorations pour votre sapin ou votre table, et aussi en utiliser pour vos cocktails ou votre vin chaud...

LACANCHE

A.G.

CHAI CAFÉ DISCO

Pour 3 à 4 cocktails

PRÉPARATION
15 minutes

INFUSION
2 heures

INGRÉDIENTS
20 cl de vodka
4 sachets de thé chai
8 cl de liqueur de café
10 cl de crème liquide entière
Glaçons
Cannelle moulue
Bâtonnets de cannelle
Anis étoilé
Rondelles d'orange séchée
(voir méthode p. 134)

1. Versez la vodka dans un pichet, placez-y 4 anis étoilés et faites-y infuser le thé au moins 2 heures.
2. Retirez le thé et l'anis puis ajoutez la liqueur de café et la crème liquide. Mélangez. Ajustez selon vos goûts.
3. Servez avec beaucoup de glaçons et décorez avec une petite pincée de cannelle moulue, un bâtonnet de cannelle, de l'anis étoilé et une rondelle d'orange séchée.

L'alcool est dangereux pour la santé. Buvez avec modération.

Si vous ne trouvez pas de thé chai, utilisez du thé noir et faites un chai maison en mélangeant de la cannelle moulue, du gingembre moulu, des clous de girofle moulus, un peu de noix de muscade râpée et du poivre noir. Passez le tout dans une passoire fine après avoir laissé infuser.

COURONNE DE FÊTES AUX CHAMPIGNONS, ÉPINARD ET CHÈVRE

PRÉPARATION
45 minutes

REPOS
20 minutes

CUISSON
1 h 15

INGRÉDIENTS
500 g de champignons (mélange)
Huile d'olive
1 gousse d'ail
1 oignon jaune
200 g de pousses d'épinard
1 c. à c. de graines de cumin
200 g de chèvre frais
Le zeste de 2 citrons bio
125 g de pignons
Cranberries séchées (facultatif)
2 pâtes feuilletées rectangulaires (environ 30 x 20 cm)
5 cl de lait
Fleur de sel et poivre

1. Nettoyez et coupez les champignons en fines lamelles. Versez un filet d'huile d'olive dans une poêle et ajoutez l'ail et l'oignon émincés avec une pincée de sel. Dès que l'oignon est fondant, ajoutez les champignons et faites-les dorer.
2. Incorporez les pousses d'épinard hachées et le cumin. Mélangez. Ajoutez le chèvre, le zeste de citron et les pignons. Vous pouvez, si vous le souhaitez, ajouter une poignée de cranberries. Ajustez l'assaisonnement avec le sel et le poivre. Laissez le tout refroidir 15 à 20 minutes.
3. Étalez une pâte et coupez-la en deux dans le sens de la longueur. Placez les bandes de pâte sur une plaque allant au four, recouverte de papier sulfurisé. Mettez le mélange de champignons et chèvre au centre tout le long de chaque bande de pâte. Veillez à garder 4 cm sur chaque extrémité et 3 cm tout le long de chaque côté. Repliez les bords sur la longueur afin de les sceller avec la pâte. Puis refermez chaque extrémité. Retournez chaque boudin puis très délicatement former une couronne. Respirez, tout va bien !
4. Préchauffez le four à 190 °C (th. 6/7). Étalez la deuxième pâte et amusez-vous à découper des feuilles, des fleurs... Placez-les sur votre couronne pour cacher les deux endroits où les boudins se rejoignent en les collant avec une goutte d'eau.
5. Badigeonnez la couronne avec le mélange de lait et 1 cuillerée à soupe d'huile d'olive. Enfournez 40 minutes. Laissez-la refroidir quelques minutes puis glissez-la délicatement sur un plat de présentation.

MINI SCONES AU CHEDDAR, ÉPINARD ET OIGNON CARAMÉLISÉ

Pour une vingtaine de scones

PRÉPARATION
20 minutes

CUISSON
25 minutes

INGRÉDIENTS
70 g de beurre doux froid
1 gros oignon jaune
250 g de farine
1 sachet de levure chimique
100 g de vieux cheddar râpé
1 petite poignée de jeunes pousses d'épinard
1 œuf
1 yaourt nature
1,5 c. à s. de moutarde à l'ancienne
Fleur de sel, poivre

1. Faites fondre 10 g de beurre dans une poêle et faites-y revenir l'oignon épluché et émincé avec une pincée de sel. Laissez cuire et caraméliser doucement en mélangeant de temps en temps puis réservez.
2. Dans un contenant, mélangez la farine, la levure, une pincée de sel et du poivre. Ajoutez le reste de beurre en morceaux et travaillez la pâte à la main.
3. Incorporez 70 g de cheddar, l'épinard haché et l'oignon caramélisé.
4. Dans un petit bol, battez l'œuf avec le yaourt nature et la moutarde. Ajoutez ce mélange au premier.
5. Travaillez la pâte afin qu'elle soit bien souple (ajoutez un peu de farine, si elle est trop collante).
6. Préchauffez le four à 200 °C (th. 6/7).
7. Étalez la pâte en gardant une épaisseur de 2 cm. Découpez-la en une vingtaine de triangles puis placez-les sur une plaque recouverte de papier sulfurisé. Parsemez du reste de cheddar, de poivre et enfournez 15 minutes. Les scones doivent être dorés. Servez les tièdes ou à température ambiante.

TOASTS DE POIRES POCHÉES AUX ÉPICES ET AU ROQUEFORT

Pour 18 petits toasts

PRÉPARATION
20 minutes

REPOS
40 minutes

CUISSON
15 minutes

INGRÉDIENTS
45 cl de vin rouge
Le jus d'une orange
La peau et le jus d'une clémentine
2 bâtonnets de cannelle
3 à 4 anis étoilé
70 g de sucre en poudre
3 poires pas trop mûres
3 à 4 belles tranches de pain de campagne
Roquefort
Poivre
Miel liquide (facultatif)

1. Dans une casserole, mettez le vin rouge, le jus d'orange, la peau et le jus de clémentine, la cannelle, l'anis et le sucre. Faites chauffer sur feu doux en mélangeant jusqu'à la dissolution du sucre.
2. Épluchez les poires et mettez-les dans la casserole. Laissez cuire une trentaine de minutes sur feu doux en tournant les poires de temps en temps. Réservez-les sur une assiette pour qu'elles refroidissent.
3. Faites toaster le pain et coupez les tranches en deux ou trois. Placez un peu de roquefort sur chaque tartine. Coupez les poires en tranches et placez-en deux ou trois sur chaque toast. Poivrez et, si vous le souhaitez, versez un filet de miel par-dessus.

VELOUTÉ DE FENOUIL, OIGNONS ET CHIPS DE COPPA

Pour 4 à 5 personnes

PRÉPARATION
25 à 30 minutes

CUISSON
1 heure

INGRÉDIENTS
5 oignons jaunes
1 fenouil
40 g de beurre
Le jus d'une orange
2 c. à s. de vinaigre de cidre
2 tiges de romarin frais
5 tranches de coppa
Fleur de sel, poivre

1. Épluchez et émincez les oignons. Faites fondre le beurre dans une poêle, puis ajoutez les oignons, le fenouil coupé finement et une pincée de sel. Faites cuire doucement pour que le tout soit fondant, une dizaine de minutes.
2. Versez le jus d'orange et le vinaigre, mélangez et laissez le tout caraméliser 15 minutes.
3. Transférer le tout dans une grande casserole ou une cocotte et ajoutez 1 ou 1,5 litre d'eau (tout dépend de la consistance souhaitée) avec le romarin. Laissez le tout frémir 15 minutes.
4. Préchauffez le four à 190 °C (th. 6/7).
5. Disposez la coppa sur une plaque et enfournez 8 à 10 minutes, elle va devenir croustillante. Laissez refroidir sur du papier absorbant.
6. Retirez le romarin et mixez le contenu de la casserole dans un blender. Ajustez l'assaisonnement.
7. Versez dans une soupière. Concassez les chips de coppa par-dessus, poivrez et servez !

COUTEAUX PERSILLADES

Pour 3 à 4 personnes

PRÉPARATION
15 minutes

CUISSON
8 à 10 minutes

REPOS
1 heure

INGRÉDIENTS
1 kg de couteaux
75 g de beurre
2 cm de gingembre frais râpé
2 gousses d'ail
Le zeste d'un citron bio
5 brins de menthe fraîche
4 brins de persil plat
2 pincées de piment de Cayenne
Fleur de sel, poivre

1. Placez les couteaux dans un bain d'eau tiède salée. Laissez-les 20 minutes, puis sortez-les de l'eau. Recommencez cette opération deux fois.
2. Pendant ce temps, mélangez le beurre avec le gingembre râpé, l'ail émincé, le zeste de citron, les feuilles de 3 brins de menthe hachées, deux brins de persil haché et le piment de Cayenne. Salez et poivrez et réservez au réfrigérateur.
3. Préchauffez le four en mode gril.
4. Faites blanchir les couteaux dans de l'eau bouillante salée pendant 3 minutes puis égouttez-les.
5. Disposez-les sur une plaque allant au four. Mettez un peu du mélange de beurre sur chaque couteau et enfournez la plaque 3 à 4 minutes – surveillez la cuisson. Dégustez de suite !

SOUPE D'HIVER

Pour 5 à 6 personnes

PRÉPARATION
20 à 25 minutes

CUISSON
40 minutes

INGRÉDIENTS
POUR LA SOUPE
2 carottes
1 blanc de poireau
Huile d'olive
1 belle pincée d'origan séché
1 oignon jaune
1 gousse d'ail
250 g de blancs de poulet
3 tiges d'oignons nouveaux
2 cubes de bouillon (poule ou légumes)
250 g de haricots rouges précuits
250 g de haricots blancs précuits
100 g de pousses d'épinard
Pesto
Parmesan
Sel, poivre

POUR LES CROÛTONS MAISON
3 à 4 belles tranches de pain de campagne
Huile d'olive
Cumin, fenouil, origan, coriandre (moulu ou graines au choix)
30 g de parmesan
Fleur de sel, poivre

1. Épluchez les carottes et coupez-les en rondelles d'environ 0,5 cm d'épaisseur. Faites de même avec le blanc de poireau.
2. Chauffez un peu d'huile d'olive dans une cocotte et placez-y les carottes et le poireau. Mélangez. Salez, ajoutez l'origan et mélangez. Laissez cuire 5 minutes.
3. Incorporez le blanc de poulet, coupé en cubes d'environ 3 cm de côté. Émincez l'oignon et ajoutez-le à la cocotte. Laissez cuire 5 à 7 minutes – le poulet va dorer légèrement. Ajoutez la gousse d'ail émincée et le bouillon (environ 1,5 litre). Laissez le tout frémir doucement 20 à 25 minutes.
4. Hors du feu, incorporez les haricots (rouges et blancs) puis les pousses d'épinard. Mélangez et ajustez l'assaisonnement (sel et poivre). Réservez.
5. Pour les croûtons maison, préchauffez le four à 220° C (th. 6/7). Coupez le pain en gros carrés et placez-les dans un grand contenant. Versez de l'huile d'olive par-dessus et mélangez le tout afin de bien les recouvrir. Parsemez de fleur de sel, de poivre et des épices et/ou des herbes sèches de votre choix. Incorporez le parmesan râpé.
6. Placez le tout sur une plaque allant au four et enfournez 10 à 12 minutes. Mélangez à mi-temps afin qu'une jolie dorure apparaisse sur tous les côtés. Les croûtons doivent être dorés et croustillants.
7. Servez la soupe généreusement. Ajoutez 1 ou 2 cuillerées à café de pesto (maison ou acheté), placez quelques beaux croûtons et râpez du parmesan frais par-dessus. Dégustez !

SALADE ORANGES PISTACHES

Pour 4 à 5 personnes

PRÉPARATION
5 à 20 minutes

INGRÉDIENTS
4 oranges sanguines
2 échalotes
2 c. à s. de vinaigre de cidre
3 c. à s. d'huile d'olive
1 c. à c. de miel
1 à 2 oranges
250 à 300 g de mâche et roquette (ou pousses d'épinard)
Une dizaine d'olives
4 à 5 brins de coriandre fraîche
4 à 5 brins de menthe fraîche
1 burrata
60 g de pistaches grillées concassées
2 pincées de sumac (facultatif)
Fleur de sel, poivre

1. Pressez le jus d'une orange sanguine et placez-le dans un bol.
2. Ajoutez les échalotes émincées, le vinaigre de cidre, l'huile d'olive, le miel, du sel et du poivre (selon vos goûts). Réservez la vinaigrette.
3. Retirez la peau des oranges et des oranges sanguines puis coupez-les en rondelles d'environ 1 cm d'épaisseur. Réservez.
4. Placez le mélange de mâche et de roquette sur un plat. Posez les rondelles d'oranges par-dessus, les olives, puis les herbes fraîches hachées, la burrata coupée en morceaux et les pistaches. Versez la vinaigrette par-dessus et saupoudrez de sumac. Un bonheur de fraîcheur vitaminée !

CHOUX DE BRUXELLES RÔTIS À LA FETA ET CRANBERRIES

Pour 4 à 5 personnes en accompagnement

PRÉPARATION
15 minutes

CUISSON
30 minutes

INGRÉDIENTS
450 g de choux de Bruxelles
1 à 2 gousses d'ail
3 c. à s. d'huile d'olive
1 à 2 c. à s. de vinaigre balsamique
120 g de gros lardons fumés (ou poitrine fumée)
Une poignée de noix de pécan
Une poignée de cranberries séchées
100 g feta
Ciboulette fraîche
Fleur de sel, poivre

1. Préchauffez le four à 200 °C (th. 6/7). Rincez et coupez les choux de Bruxelles en deux et placez-les sur une plaque allant au four, recouverte d'une feuille de papier sulfurisé.
2. Émincez l'ail et placez-le par-dessus, puis versez l'huile et le vinaigre. Saupoudrez de fleur de sel, mélangez et enfournez 25 à 30 minutes en mélangeant à mi-cuisson.
3. Pendant ce temps, faites dorer les lardons et débarrassez-les sur du papier absorbant.
4. Placez les choux de Bruxelles dans un plat, ajoutez les lardons, les noix de pécan concassées, les cranberries, la feta émiettée et la ciboulette ciselée. Poivrez et servez !

FARCE DE FENOUIL, PETITS POIS ET SAUCISSES

Pour 5 personnes

PRÉPARATION
15 à 20 minutes

CUISSON
30 minutes

INGRÉDIENTS

5 à 6 tranches épaisses de pain de campagne
Huile d'olive
1 c. à s. de graines de fenouil
1 fenouil
2 branches de céleri
2 oignons rouges
Le jus et le zeste d'un pamplemousse
3 saucisses de Toulouse aux herbes
300 g de girolles
120 g de petits pois (congelés bio)
2 c. à s. de feuille de thym frais
2 c. à s. de sauge fraîche hachée
360 ml de bouillon
4 à 5 tranches de pancetta
Fleur de sel, poivre

1. Coupez le pain en cubes et placez-le dans une poêle avec un filet d'huile d'olive, 2 pincées de sel, du poivre et les graines de fenouil. Mélangez et faites dorer le tout. Réservez sur une assiette.
2. Dans la même poêle, faites revenir avec un peu d'huile et de sel, le fenouil, le céleri et les oignons émincés. Une fois que le mélange est fondant, ajoutez le jus de pamplemousse. Réservez.
3. Dans une autre poêle, faites revenir les saucisses coupées en tronçons de 2 à 3 cm avec les girolles et un peu d'huile d'olive.
4. Une fois que le tout est doré et cuit, incorporez le mélange de fenouil et céleri à celui-ci. Ajoutez les petits pois (en cette saison, je vous conseille d'en acheter des congelés bio), puis les herbes fraîches et enfin le pain.
5. Versez petit à petit le bouillon en mélangeant et en laissant le tout bien absorber avant d'en ajouter.
6. Coupez la pancetta, incorporez-la avec le zeste de pamplemousse. Ajustez l'assaisonnement selon vos goûts. Servez de suite ou faites réchauffer au four, en couvrant le plat, avant de servir. Vous pouvez, si vous le souhaitez, ajouter des noix concassées.

BUTTERNUT FARCIE

Pour 6 à 8 personnes

PRÉPARATION
30 minutes

CUISSON
1 h 40

INGRÉDIENTS
1 grande butternut
Huile d'olive
2 gousses d'ail
1 oignon jaune
100 g de lentilles vertes
60 g de cèpes secs
2 brins de romarin frais
3 à 4 brins de thym frais
2 pincées de noix de muscade moulue
250 ml de bouillon de légumes
100 g de jeunes pousses d'épinard
1 poignée de pistaches grillées
Fleur de sel, poivre

1. Préchauffez le four à 180 °C (th. 6).
2. Coupez la butternut en deux dans le sens de la longueur. Retirez les graines, badigeonnez les deux faces coupées d'huile d'olive et parsemez de fleur de sel. Placez-les sur une plaque allant au four, faces coupées vers le haut et enfournez pendant 40 minutes – la chair doit être cuite.
3. Pendant ce temps, épluchez et émincez l'ail et l'oignon. Faites-les cuire doucement avec un filet d'huile d'olive et une pincée de sel dans une casserole moyenne sur feu doux. Ajoutez les lentilles, les cèpes, la noix de muscade, le romarin haché et les feuilles de thym. Mélangez 2 minutes puis ajoutez le bouillon. Laissez cuire une vingtaine de minutes en mélangeant de temps en temps. Vérifiez la cuisson des lentilles et ajoutez un peu d'eau si besoin.
4. Incorporez les pousses d'épinard et les pistaches concassées. Réservez.
5. Retirez délicatement la chair de la butternut et écrasez-la en purée. Je vous conseille de garder une couche de 1 cm sous la peau afin de bien maintenir la forme et de ne pas la percer.
6. Mélangez les lentilles à la purée et placez cette farce dans chaque moitié de butternut. Disposez une moitié par-dessus l'autre et nouez-les ensemble à l'aide d'un fil alimentaire (tous les 3 cm environ). Mettez le tout au four une dizaine de minutes et servez avec une belle salade !

Pour une version non végétarienne, ajoutez de la poitrine fumée ou un peu de chair à saucisse.

SOUPE ORZO CITRON

Pour 4 personnes

PRÉPARATION
20 minutes

CUISSON
20 à 25 minutes

INGRÉDIENTS
2 oignons jaunes
Huile d'olive
250 g de butternut
2 gousses d'ail
4 brins de sauge fraîche
3 brins de thym frais
1,5 litre de bouillon (légumes ou volaille)
200 g d'orzo
265 g de pois chiches (précuits)
Le jus de 2 citrons bio + ½ citron
50 g de jeunes pousses d'épinard (ou kale)
Fleur de sel, poivre
Option : 3 cm de gingembre frais râpé, parmesan en copeaux

1. Épluchez et émincez les oignons. Faites-les cuire doucement 3 à 4 minutes dans une cocotte avec un filet d'huile d'olive et une pincée de sel.
2. Ajoutez la butternut coupée en cubes, les gousses d'ail émincées, la moitié de la sauge hachée et les feuilles de 2 brins de thym. Mélangez et laissez cuire 4 à 5 minutes.
3. Incorporez le bouillon (vous pouvez y ajouter du gingembre frais). Portez le tout doucement à frémissement et ajoutez l'orzo. Laissez cuire 4 minutes puis éteignez le feu.
4. Ajoutez les pois chiches, le jus des 2 citrons et l'épinard. Coupez le demi-citron en rondelles d'un demi centimètre de large.
5. Faites chauffer une poêle et versez un filet d'huile d'olive et une pincée de fleur de sel. Posez les rondelles de citron et laissez-les griller 2 à 3 minutes de chaque côté. Faites la même chose avec les feuilles de sauge restantes puis placez-les sur du papier absorbant.
6. Servez dans des bols ou assiettes creuses, ajoutez une ou deux rondelles de citron, des feuilles de sauge, du thym frais et poivrez ! Vous pouvez, si vous le souhaitez, parsemer le tout de copeaux de parmesan.

RÔTI DE PORC AUX FRUITS SECS ET POIRES

Pour 8 à 10 personnes

PRÉPARATION
30 minutes

CUISSON
1 h 20

INGRÉDIENTS
1 oignon jaune
2 gousses d'ail
Huile d'olive
6 brins de sauge fraîche
200 g de fruits secs (mélange d'abricots, figues, cranberries...)
1 pincée de paprika
Le zeste d'une orange
Une dizaine de châtaignes cuites
1 poignée de noisettes grillées
100 g de jeunes pousses d'épinard
Longe de porc de 1,8 kg
75 g de beurre doux
5 petites poires
Le jus d'un citron bio
1 c. à s. de sirop d'érable
1 brin de romarin
3 c. à s. de confiture de poires
Fleur de sel, poivre

1. Épluchez et émincez l'oignon et l'ail et placez le tout dans une casserole avec un filet d'huile d'olive et une pincée de sel. Mélangez et laissez cuire doucement 4 à 5 minutes.
2. Ajoutez 3 brins de sauge hachée, les fruits secs coupés en morceaux s'ils sont gros et la pincée de paprika. Mélangez et laissez cuire 2 minutes puis ajoutez 240 ml d'eau. Laissez mijoter 5 minutes puis reposer et refroidir hors du feu.
3. Incorporez le zeste d'orange, les châtaignes et les noisettes concassées et les pousses d'épinard.
4. Ouvrez le porc en rectangle (ou demandez à votre boucher), salez, poivrez.
5. Disposez la farce sur le porc tout en laissant un bord de 3 à 4 cm tout autour. Roulez le tout sur la longueur et ficelez-le. Préchauffez le four à 180 °C (th. 6).
6. Faites fondre 50 g de beurre dans une cocotte et faites dorer le rôti 3 à 4 minutes sur tous les côtés puis enfournez le plat.
7. Lavez et coupez les poires en deux dans le sens de la longueur. Versez le jus de citron par-dessus.
8. Faites fondre le reste de beurre et mélangez-le au sirop d'érable. Ajoutez le romarin haché et versez le tout sur les poires. Disposez ces dernières autour du rôti et laissez le tout cuire 50 minutes. Couvrez le rôti de papier aluminium et laissez cuire 10 minutes de plus.
9. Vérifiez la cuisson puis sortez-le du four. Faites chauffer la confiture puis badigeonnez le rôti à l'aide d'un pinceau. Servez.

BÂTONNETS DE PAIN PERDU À LA CANNELLE

Pour une douzaine

PRÉPARATION
15 minutes

CUISSON
20 à 25 minutes

INGRÉDIENTS
1 pain de mie (non-tranché)
2 œufs
120 ml de lait
3 à 4 c. à s. de sucre en poudre
1 c. à c. de cannelle moulue
½ c. à c. de cardamome moulue
30 g de beurre doux
Fleur de sel

1. Coupez le pain en tranches épaisses de 4 à 5 cm d'épaisseur. Retirez la croûte tout autour de chaque tranche, puis détaillez-les en deux. Réservez.
2. Fouettez les œufs dans une assiette creuse. Incorporez le lait avec une pincée de sel et fouettez de nouveau.
3. Dans une autre assiette creuse, mélangez le sucre, la cannelle, la cardamome et 2 pincées de fleur de sel. Réservez.
4. Faites fondre le beurre dans une poêle. Trempez rapidement chaque bâtonnet de pain sur tous les côtés, sans oublier les extrémités dans le mélange œuf-lait puis mettez-les dans la poêle. Vous pouvez le faire par 6 ou moins par fournée en fonction de la taille de votre poêle. Laissez dorer 2 à 3 minutes puis retournez-les et faites dorer chaque côté de la même manière.
5. Dès qu'ils sont prêts et encore chaud, saupoudrez-les du mélange de sucre et placez-les sur une assiette. Servez-les tièdes ou à température ambiante avec un peu de sirop d'érable.

BISCUITS DE FÊTES

À partir de début décembre, j'adore préparer une grande variété de petits biscuits. J'en offre aux amis, aux voisins, aux maîtresses d'école... et il y en a toujours à la maison pour des goûters et des douceurs toute la journée. Voici 3 recettes simples qui ont toujours grand succès !

SABLÉS THYM CITRON

Pour 2 douzaines de sablés

PRÉPARATION 15 minutes
CUISSON 15 minutes
REPOS 50 minutes

INGRÉDIENTS
200 g de beurre doux mou · 200 g de sucre en poudre · 1 œuf · 1 c. à c. d'extrait de vanille · Le zeste fin d'un citron bio · 3 à 4 brins de thym frais · 280 g de farine
POUR LE GLAÇAGE : 1 blanc d'œuf · 1 c. à s. de jus de citron + le zeste · Quantité suffisante de sucre glace · 3 à 4 brins de thym frais

Dans un contenant, mélangez le beurre et le sucre afin d'obtenir une consistance homogène puis ajoutez l'œuf et l'extrait de vanille. Incorporez le zeste de citron, les feuilles des brins de thym puis la farine. Étalez cette pâte entre deux feuilles de papier sulfurisé et placez-la au réfrigérateur pendant 30 minutes.

Préchauffez le four à 180 °C (th. 6) et recouvrez deux plaques allant au four de papier sulfurisé. À l'aide d'un emporte-pièce rond de 4 à 5 cm de diamètre, formez les sablés et disposez-les sur les plaques. Réservez-les au réfrigérateur pendant 10 minutes puis enfournez 15 minutes. Laissez-les refroidir. Pendant ce temps, mélangez le blanc d'œuf, le citron (jus et zeste) et le sucre glace dans un bol. Ajustez la quantité de sucre glace selon la consistance souhaitée. Je préfère que le mélange soit assez épais. Une fois que les sablés sont à température ambiante, versez un peu de glaçage sur chacun et parsemez de thym. Laissez le glaçage durcir 10 à 15 minutes.

BISCOTTI DE FÊTES

Pour 15 à 20 biscuits

PRÉPARATION 10 minutes
CUISSON 35 minutes
REPOS 5 à 6 minutes

INGRÉDIENTS
100 g de cassonade · 50 g de sucre en poudre · 2 c. à c. d'extrait de vanille · 1 c. à c. d'extrait d'amande amère · 2 œufs · 250 g de farine · 1 c. à c. de levure chimique · 2 pincées de fleur de sel · 100 g de cranberries séchées · 90 g de pistaches · 90 g d'amandes grillées émondées

Préchauffez le four à 170 °C (th. 5/6). Dans un contenant, mélangez la cassonade, le sucre, l'extrait de vanille, l'extrait d'amande et les œufs. Incorporez la farine, la levure et la fleur de sel, puis les fruits secs. Mélangez bien le tout avec vos mains puis formez deux boudins. Placez-les sur une plaque allant au four recouverte d'une feuille de papier sulfurisé. Enfournez 25 à 30 minutes – ils doivent devenir légèrement dorés. Sortez-les du four, laissez-les refroidir 5 à 6 minutes puis découpez-les en tranches sur la largeur (7 à 10 tranches par boudin). Placez les tranches sur le côté de la plaque. Baissez le four à 160 °C (th. 5/6) et enfournez 8 à 9 minutes. Laissez-les refroidir, ils sont prêts !

Variez les plaisirs en ajoutant des épices, d'autres fruits ou noix.

BOUCHÉES PISTACHES PÉCAN

Pour une trentaine de bouchées

PRÉPARATION 20 minutes
CUISSON 10 à 12 minutes
REPOS 8 à 10 minutes

INGRÉDIENTS
220 g de beurre doux mou · 80 g de sucre glace (+ pour la décoration) · 2 pincées de fleur de sel · 1 filet d'extrait de vanille · 300 g de farine ·70 g de noix de pécan · 70 g de pistaches

Préchauffez le four à 180 °C (th. 6). Dans un contenant mélangez le beurre, le sucre glace, le sel, la vanille et ensuite la farine. Hachez les noix de pécan et les pistaches afin d'obtenir une poudre (tout en laissant quelques morceaux) et incorporez ce mélange au premier. Formez des boules un peu plus petites que des balles de golf et placez-les sur une plaque allant au four recouverte d'une feuille de papier sulfurisé. Enfournez 10 à12 minutes puis laissez-les refroidir une petite dizaine de minutes (c'est important afin d'éviter qu'ils s'effritent). Mettez un peu de sucre glace dans un bol ou une assiette creuse et roulez-les dedans pour bien les recouvrir. Servez !

I love you
HAPPY LOVE
LOVE
Je t'aime

FORTUNE COOKIES MAISON

Pour une vingtaine de fortune cookies

PRÉPARATION
10 minutes

CUISSON
25 à 30 minutes

INGRÉDIENTS
115 g de beurre doux
3 blancs d'œufs
150 g de sucre en poudre
½ c. à c. d'extrait d'amande amère
1 c. à s. d'eau de fleur d'oranger
2 c. à s. d'eau
120 g de farine

Une vingtaine de papiers de 7 à 8 x 1 cm avec un mot doux noté dessus. J'adore proposer aux garçons de participer, de noter des mots et faire des dessins colorés.

1. Préchauffez le four à 190 °C (th. 6/7) et placez une feuille de papier sulfurisé sur une plaque allant au four.
2. Faites fondre le beurre sur feux doux. Dans un grand contenant, fouettez les blancs d'œufs avec le sucre pendant 2 à 3 minutes puis incorporez tout en fouettant doucement le beurre fondu.
3. Ajoutez l'extrait d'amande amère, la fleur d'oranger et l'eau. Mélangez puis ajoutez la farine. Ne travaillez pas trop ce mélange.
4. Placez l'équivalent d'une cuillerée à soupe du mélange sur le papier sulfurisé et étalez-le en un cercle de 7 à 8 cm de diamètre. Je vous conseille d'en faire 4 ou 5 maximum à la fois sur la plaque. Enfournez 7 minutes, le bord doit devenir légèrement doré.
5. Sortez la plaque du four et laissez-les tiédir 30 secondes puis placez-en un dans le creux de votre main (le côté qui était vers le haut sur la plaque doit se retrouver contre votre main). Commencez à le plier en deux, mettez un de vos doux messages au centre et pliez de nouveau. Disposez ensuite le centre du côté plié sur le rebord d'une tasse on d'un bol et tirez les deux bords vers le bas.
6. Placez votre biscuit dans un moule à muffins ou un verre afin qu'il garde bien cette forme le temps de complètement refroidir. Recommencez l'opération pour chaque biscuit et surtout ne vous inquiétez pas, on prend vite le coup de main !

INDEX

Achevé d'imprimer en mai 2022 par GPS, Slovénie.